Viva La Vida

Bibliografische Information der Deutschen Bibliothek:
Die Deutsche Bibliothek verzeichnet diese Publikation in der Deutschen
Nationalbibliografie; detaillierte bibliografische Daten sind im Internet über
http://dnb.ddb.de abrufbar.

©Roland Hoja
Fotografien: rh©copy2017
Umschlaggestaltung:©rolandhoja
2. verbesserte Auflage
Herstellung und Verlag:
BoD - Books on Demand, Norderstedt
ISBN 978-3-7431-9003-0

Roland Hoja

Viva La Vida

Literaturbegegnungen
'Brigadas Internacionales'
Spanien 1936 – 1939

Wir Schriftsteller an der Front haben die Feder aus der Hand gelegt, denn wir wollten nicht mehr Geschichte schreiben, sondern Geschichte machen. ... kämpft mit der Feder und mit dem Wort, wie es jedem liegt! Aber kämpft! Salud![1]

---

[1] Ludwig Renn auf dem 'II. Schriftstellerkongress zur Verteidigung der Kultur'. Madrid 1937

INHALT

Einleitung   7

I.   Einführung zur historischen Situation   11
Spanien 1936 -1939

II.   deutschsprachige Schriftsteller als Brigadisten   15

III.   II. Internationaler Schriftstellerkongress 1937   17
Valencia, Barcelona, Madrid, Paris

     Bertolt Brecht
     Egon Erwin Kisch
     Ludwig Renn
     Bodo Uhse
     Gustav Regler

IV.
     1. Lektürebegegnungen   23
     Texte als Abbild historischer Wirklichkeiten

- Willi Bredel
- Betolt Brecht
- Eduard Claudius
- Bodo Uhse
- Gustav Regler
- Hermann Kesten
- Alfred Kurella
- Walter Gorrish

- Ludwig Renn
- Egon Erwin Kisch
- Hans Marchwitza
- Alfred Kantorowicz
- Erich Weinert

****
- Ernest Hemingway

    2.   Bildbegegnungen   111
Fotografie als Abbild historischer Wirklichkeiten

- Gerda Taro & Robert Capa

    3.
Spaniens Himmel breitet seine Sterne ...   115
(Lied der 'Thälmann Kolonne')

V.

Zusammenfassung und Ausblick   117

Ahang

Literatur
Personenregister & Editorial
Der Autor

Einleitung

Vor achtzig Jahren tobte in Spanien ein massenhafter bewaffneter Widerstandskampf. Nationalistische, royale, geschichtskonservative Kräfte, unter Anführung General Francisco Francos mit seiner faschistischen Bewegung 'Falange' hatten diesen durch einen Putsch gegen die vom Volk bestimmte 'Spanische Republik' erzwungen. Ja, erzwungen! Es ist historisch betrachtet keinesfalls umgekehrt zu deuten und auch nicht, wie oft bis heute behauptet, als von außen gesteuert.
Es handelt sich also um den 80sten Jahrestag dieses Ereignisses, den zu feiern unangebracht, aber den zu würdigen und zu ehren als eine demokratisch-humanistische Aufgabe unseres Jahrhunderts erscheint. Nach Georg Lukács wäre es berechtigterweise sogar eine ontologische Notwendigkeit der Gattung Mensch, weil sich die Dialektik der Menschheitsgeschichte aus und in Widersprüchen entwickelt, die mitunter auch im realen Schein menschenvernichtender Kämpfe ihren Ausdruck finden. Wenn auch nicht gleich zu einer menschenwürdigen Lösung führten. Die war, wie wir wissen, am Endes dieses Krieges in den Februartagen 1939 nicht gegeben.
In unseren Tagen des 21. Jahrhunderts toben wieder Kriege unterschiedlicher Ursachen, gelten wieder Vergessens- und Erinnerungsstrategien, die einer antikommunistischen oder/und scheindemokratischen Haltung gezollt sind, indem nur das erinnert, was auch als bürgerlich-demokratisch ausgelobt werden soll. Beispielsweise die sogenannte 'Neutralität' der damaligen Westmächte, welche einer Unterstützung der faschistsichen Kräfte im Ergebnis gleichkam.
Mit Recht als faschistisch-barbarisch gebrandmarkt wurde und wird: die Bombardierung der nordbaskischen Stadt Gernika und damit die radikale Auslöschung derer Bürger.
Mit dem Slogan: *Nie wieder Krieg*, der ja grundsätzlich richtig ist, werden aber allein die ursächlichen imperialen Gesetzmäßigkeiten und Widersprüche nicht im Sinne einer fortschrittlichen Menschheitsgeschichte, - als eben ontologische Bestimmung -, gelöst.
Diese Überlegungen aus der Sicht Anno 2017, noch dazu die Würdigung ebenso der menschheitshistorisch bedeutsamen Russischen Oktoberrevolution vor 100 Jahren, gab Anlass genug für die Arbeit am vorliegenden Lektüre- und Motivationsbändchen. Im Besonderen dann mit zusammenfassenden Beiträgen aus literarhistorischer Perspektive und Verantwortung.
Nämlich:
siebenundzwanzig deutschsprachige Schriftsteller kämpften in den Reihen der Internationalen Brigaden für die Spanische Republik. Die umfassende Spanienliteratur entstand unter dem unmittelbaren Eindruck des faschistischen Überfalls, zum

Teil sogar in Kampfpausen konzipiert oder/und geschrieben. In dokumentarischer Romanform, als Erzählung und als Reportage.
Im 80.Jahr nach Fortsetzung des Widerstandskampfes 1937 und der Vernichtung des baskischen Gernika am 26. April 1937 durch die den Putsch unterstützenden deutsch-italienischen Bomber, möchte ich erinnernd bewusst machen, im Gedenken an diesen Kampf, an die Kämpfenden gegen Faschismus und Krieg. Zur mahnenden Lektüre mit Blick in die Historie.Zur Wiederherstellung des demokratisch-humanistischen Gedenkens und Denkens. Das anhand ausgewählter deutschsprachiger Literatur, deren Autoren die Feder mit der Waffe tauschten, die Feder selbst als Widerstandswaffe nutzten oder parteiisch den Widerstand dokumentierten.
Als ein leitendes Wort erlaube ich mir eins vom 'KFSR' (Kämpfer und Freunde der Spanischen Republik 1936-1939) richtungsweisend zu nutzen:

Lasst uns die Verbundenheit der Brigadistas über die Ländergrenzen hinweg mitnehmen in die Kämpfe der Gegenwart! Dort wo wir uns finden, ... Nur gemeinsam werden wir in der Lage sein, die gesellschaftlichen Verhältnisse für alle menschenwürdiger zu gestalten. Der Kampf geht weiter![2]

Mir erschien es wichtig, Bert Brecht's *Gewehre der Frau Carrar* aufzunehmen, obwohl der Autor selbst nicht vor Ort sein konnte und diese Notwendigkeit wohl auch nicht in Erwägung gezogen hatte. Wiewohl aber sein dramatisch angelegtes Stück ein glühendes Bekenntnis darstellt, wie es auch bereits als ein unmittelbar aus dem Krieg entstandenes, früh unterstützendes, wirken konnte.Ernest Hemingway bildet als nordamerikanischer Schriftsteller mit seinem Roman: *Wem die Stunde schlägt* eine literarische Besonderheit und Ausnahme. Arbeitete er doch dokumentierend unterstützend ganz nahe am konkreten Ort und wurde von den kämpfenden Schriftstellern als Schriftsteller und 'Compañero' sehr geachtet.
So auch die deutsche Fotografin Gerda Taro, wie der ungarische Fotograf Robert Capa[3], deren bilddokumentarische Arbeiten hier in einem gesonderten Kapitel zu würdigen und deren Lektüre zu empfehlen ist.
Ausdrücklich bedeutsam ist für den Autor die historisch-notwendige Verpflichtung, gegen das Vergessen anzukämpfen und Material anzubieten, um es gemeinschaftlich solidarisch tun zu können. Mir ist bewußt, dass dieser Anspruch eine plakative Sprachhülse sein kann, - so oft gehört, gelesen und anschließend nach vielleicht einem Pflicht-Festakt vergessen - , die allein dem Schein nach ehrend, mahnend ans Nichtvergessen appelliert. Gerade deswegen gilt mein Interesse der

---
[2]http://www.spanienkaempfer.de/index.php/zum-80-jahrestag-2016/articles/zum-80-jahrestag-2016
[3]Beides Pseudonyme, um sich als jüdischstämmig in der Arbeit und im Leben zu schützen.

bewussten Nachhaltigkeit und dem erkenntnisorientierten Dokumentations- wie Verstehensprozess. Wissend berücksichtigend, dass solche Litertur lesende Menschen dies nicht gleich auch auf gleichem Niveau tun können.
Warum nicht?
1.
Eine historisch-dialektische Betrachtungsweise von Geschichtsprozessen als Ganzheit ist bis dato nicht Bestandteil unseres Bildungssystems, gelehrt wird das 'Ereignis' als solches.
2.
Die Betrachtung und Darstellung selbst erfolgt parteiisch, während bürgerliche Wissenschaft deren Objektneutralität fordert.
3.
Der Gegenstand der Betrachtung und Darstellung ist selbst nicht objektneutral, sondern Ergebnis eines politischen Willensbildungsprozesses im Subjekt/Objekt-Verhältnis in der Ganzheit des antifaschistischen Kampfes gegen die Gegner der rechtmäßig legitimierten Spanischen Republik, wie des Kampfes gegen Imperialismus und dessen faschistischer Regierungsformen.

Hier kommen also Bedingungen und Voraussetzungen zusammen, die ein gemeinschaftliches Verständnis wie dessen Nachhaltigkeit für die Gestaltung einer antifaschistischen Zukunft behindern könnten. Daher versuche ich mit diesem kleinen Buch, nicht allein sozusagen die Geschichten als Geschichten in Kurzform vorzustellen. Vielmehr sie vorzustellen als Teil dieser Ganzheit des spanischen Krieges und erklärend bezogen auf die damit verbundene Notwendigkeit des Kampfes mit der Waffe statt einer obskuren Lust am Dasein des Soldatseins.Des Kampfes mit der Waffe als Kampf um und für die Menschlichkeit. Letztlich also um die Wiedergewinnung demokratisch-humanistischer Zustände in Spanien, wie in Europa und der Welt.

Das im Besonderen aus der Pespektive des Schriftstellers, der, - wie Ludwig Renn es nachdrücklich auf dem »Zweiten Internationalen Schriftstellerkongress zur Verteidigung der Kultur« - , als Notwendigkeit formulierend forderte:

Wir Schriftsteller an der Front haben die Feder aus der Hand gelegt, denn wir wollten nicht mehr Geschichte schreiben, sondern Geschichte machen.

Die Lesenden werden feststellen, dass allein nicht mit dem Lesen vom Krieg, vom Leid,vom Kämpfen und Sterben, von Vernichtungsbombardements die Geschichten dieser Historie zu erfassen sind. Sondern ganz besonders über die subjektiven Widersprüchlichkeiten zu dem objektiv erfahrenen faschistischen Gewaltterror. Auch über die subjektiven Widersprüchlichkeiten der Brigadisten untereinander, die mit den spanischen und internationalen Freiwilligen nicht gleich schon eine Einheit bildeten durch ihren einheitlichen Willen im Widerstandskampf.
Ja, diese notwendigeVereinheitlichung war auch ein Kampf um die Widersprüche, d.h. es waren auch ganz persönliche und politische Kampffronten vorhanden, die zum Ziel die Einheit haben sollten. Daher erzählen hier auch Schriftsteller, die Funktionen als Politkommissare ausübten, sie erzählen von Mannschaften, deren Uneinigkeit erst zur Einheit geführt werden musste. Auch von Brigadisten, die erst nach ihrer Entscheidung für den Widerstandskampf zu Kämpfern als und in der Einheit werden konnten.
Ein sehr kompliziertes Gebilde, das dort in Albacete vom Oktober 1936 bis zum Juni 1938 in der »Base organica de las Brigadas Internacionales« entstanden war.
Auch wissend, dass es sich hier um Literatur handelt, deren Ursache und Zweck im Krieg und gegen den Krieg lag. Wie deren Autoren angetreten waren, um genau das zu vermitteln, nicht, um dem bürgerlichen Literaturgeschäft nach Sinn und Form Rezensions- und Konsumtionsstoff zu liefern.

Im 80sten Jahr nach Beginn des Widerstandskampfes im Oktober 1936 möchte ich erinnern und bewusst machen, aufrütteln im Gedenken an diesen Kampf, für die Kämpfenden gegen Faschismus und Krieg. Für die durch das Volk mehrheitlich gewählte »Frente Popular«, für die Spanische Republik. Zur mahnenden Lektüre mit wachem Blick in die aktuelle Historie.

I. - Einführung zur historischen Situation Spanien 1936-1939

Der national-revolutionäre Freiheitskrieg in Spanien 1936-1939 ist Teil der wesentlichen weltgeschichtlichen Ereignisse.Die dreißiger Jahre des letzten Jahrhunderts bildeten entscheidende Etappen im Kampf der Völker gegen bürgerliche Reaktion, gegen Konservativismus in der extremsten Form des Nationalfaschismus. Der Kampf gegen den Faschismus wurde immer erbitterter und wuchs sich schließlich unabdingbar zu einem bewaffneten Volkskrieg aus, der weltweit Unterstützung fand.

Vorausgegangen waren bereits mehrere Jahre politischen Kampfes in Spanien. Der Sturz der Monarchie im Jahre 1931 hatte noch nicht zur Errichtung einer stabilen republikanischen Regierung geführt. Reaktion und katholizistisch-national-faschistische Kräfte wie beispielsweise der durch Rechtsparteien gebildete Block CEDA (Confederación Española de Derechas Autónomas) unternahmen immer wieder Versuche, die alte Ordnung der feudalistisch-monarchistischen Gutsherren ('Granden') und der Kirche wiederherzustellen. Die kapitalistisch organisierte Industrie im Verbund. In der nordspanischen Provinz Asturien wurden 1934 bewaffnete Erhebungen der Arbeiter und Bergarbeiter dagegen grausam niedergeschlagen.

Dies gab den Anstoß zur Sammlung und Vereinigung der republikanischen Kräfte im Land,- Anarchisten (FAI, Federación Anarquista Ibérica), Trotzkisten (POUM, Partido Obrero de Unifiación Marxista), Kommunisten (PCE, Partido Comunista de España), Sozialisten (PSOE, Partido Socialista Obrero Español). Parteien des Kleinbürgertums, der mittleren Bourgeoisie und der liberal-bürgerlichen Intelligenz. Sowie die großen Gewerkschaftsbünde CNT (Confederación Nacional de Trabajo) und UGT (Unión General de Trabajadores)

Dann erst, mit der Bildung einer antifaschistischen Einheitsfront und im Januar 1936 mit der Unterzeichnung des Pakts zur 'Volksfront' sollte diese als eine geeignete Organisationsform politisch einen wählbaren Gegenpol darstellen. Tatsächlich errang dieser Block als »Frente Popular« (Volksfront) am 16. Februar 1936 einen historischen Mehrheitswahlsieg, der nach dem 1. März in einer Regierung unter Manuel Azaña mündete, der wiederum im Mai zum Präsidenten berufen wurde, während folgend der Sozialist Largo Caballero dem Kabinett vorstand. Der musste 1937 zurücktreten und dem bürgerlich linksintellektuellen Juan Negrin Lopez die Verantwortung übergeben, weil er nicht in angemessener Gewichtung antirepublikanischen Bestrebungen der Trotzkisten und Anarchisten entgegenzutreten gewillt war. Was sicherlich auch Indiz dafür war, dass der anhaltende Kampf um die Republik längst von Kommunisten, Sozialisten und weiteren baskischen wie katalonischen Linkskräften bestimmend geführt wurde. Dies an dieser Stelle ohne Wertung, sondern unter historisch-wissenschaftlichem Abgleich und vorliegender literarischer Dokumentation. Deren gemeinsamer Tenor nahezu einheitlich aus ideologischer Sicht die Rolle der starken anarchistischen Kräfte aus dem CNT (Confede-ración Nacional del Trabajo), wie aus dem trotzkistischen POUM (spanisch: Partido Obrero de Unificación Marxista; katalanisch: Partit Obrer d'Unificació Marxista) für den gemeinsamen antifaschistischen Kampf als hinderlich, ja sogar in der zugesprochenen Rolle als sogenannte '5.Kolonne' als verräterisch ansah. So gab es nun eine Regierung ohne deren Beteiligung.

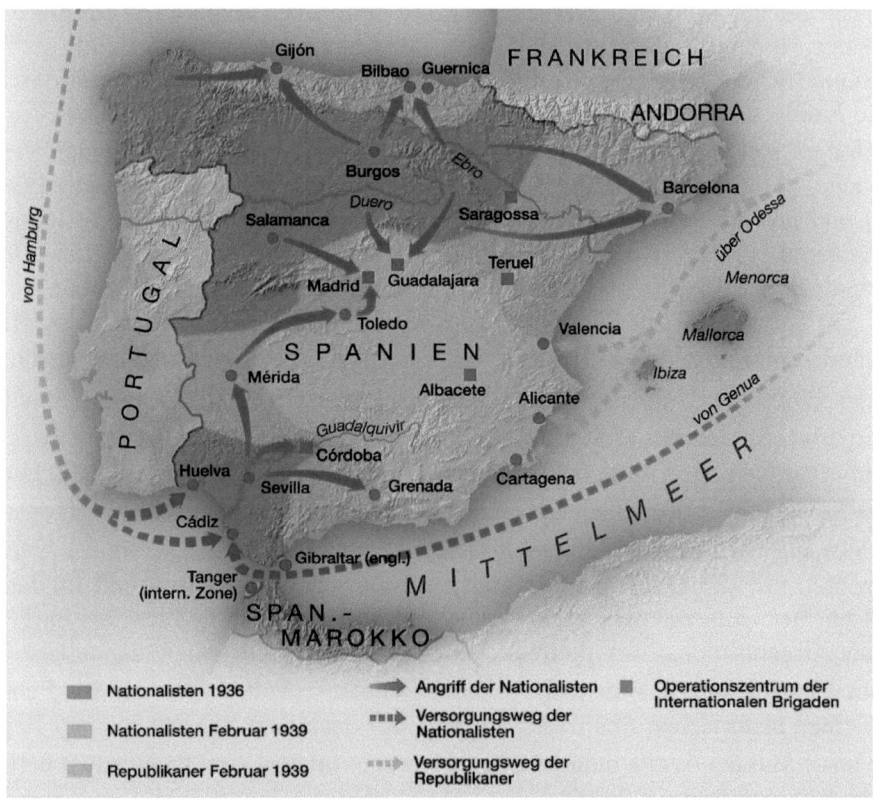

Fronten, Kampflinien und Versorgungswege während des Spanienkrieges (rh©copy2017)

Nach dem national-faschistischen Putsch vom 17.Juli 1936 unter der Führung Francisco Francos gegen die Spanische Republik, wurden im Oktober die ersten Internationalen Brigaden aufgestellt. Albacete wurde Ausbildungs- und Aufstellungsort.[4] Im selben Monat billigte die Regierung die Aufstellung der 'Inter-Brigaden'; die Volksarmee wurde gegründet und die bisherigen Volksmilizen dem militärischen Oberkommando unterstellt.

Im Juni 1937 zählten ca. 7^{tsnd} Franzosen, 5^{tsnd} Polen, 5^{tsnd} Engländer und Amerikaner, 3^{tsnd} Belgier, 1^{tsnd} Lateinamerikaner, 2^{tsnd} Angehörige aus den Balkanländern, wie 5^{tsnd} Deutsche und 4^{tsnd} Italiener zu diesen Interbrigaden.

Benötigt wurden Waffen. Da die um- und anliegenden Staaten wie Frankreich und Großbritannien eine sog. 'Nichteinmischungspolitik' verfolgten, die dazu führte, dass Waffenkäufe verweigert, bzw. gekaufte Waffen wegen regressiver Grenzkontrollen oder -Schließungen nicht ausgeliefert werden konnten, war die Spanische Republik auf die aus der Sowjetunion angewiesen.

Mit der Politik der 'Nichteinmischung' wurden die reaktionär-faschistischen Aufständischen direkt bevorzugt, wiewohl sie damit natürlich auch das massive Eingreifen des italienischen und deutschen Faschismus unterstützten. Diese Vorgehensweise weiter verfolgend, war es dann auch seitens dieser Mächte tragisch folgerichtig, auf der diplomatisch-internationalen Bühne des 'Völkerbundes' den Abzug aller ausländischen Freiwilligentruppen als Vorbedingung für eine Beendigung des nun als 'Bürgerkrieg' bezeichneten Freiheitskrieges zu fordern, diesen Krieg zu einer innerspanischen Angelegenheit zu wenden. Während die Achsenmächte (Berlin-Rom) dieser Forderung nicht nachkamen, schickte die republikanische Regierung unter Juan Negrín die Inter-Brigaden im Oktober 1938 in ihre Heimatländer zurück. Diese völkerrechtlich abgesicherte Maßnahme sollte sozusagen dazu führen, international als neutral zu gelten, wie auch den Abzug deutschen und italienischen Militärs zu befördern. Das aber traf nicht ein. Vielmehr erfolgte damit die Schwächung der verbleibenden republikanischen Armee im unmittelbaren Kampf an der Ebro-Front.In Konsequenz die Anerkennung Francos durch England und Frankreich im Februar 1938. Und damit dann die Wegbereitung für die Installation faschistischer Macht in Spanien. Das Innehaben der äußeren Kontrolle spanischer Hoheitsgewässer und die scheinbare Nichteinmischung im Inneren beförderten diesen Prozess.

Ein letzter Einsatz von noch verbliebenen internationalen Freiwilligen gegen die franquistische Armee konnte das Vordringen nicht mehr aufhalten, sicherte aber im Februar 1939 die Flucht der Zivilbevölkerung nach Frankreich.

---

[4]Vgl. dazu insbesondere A. Kantorowicz; Eduard Claudius; Ludwig Renn a.a.O.

Der Spanienkrieg wurde so zum Symbol internationaler Solidarität im Konkreten, ganz wie Ludwig Renn es auf dem Schriftstellerkongress gefordert hatte, dennoch ohne den Sieg für eine Spanische Republik.

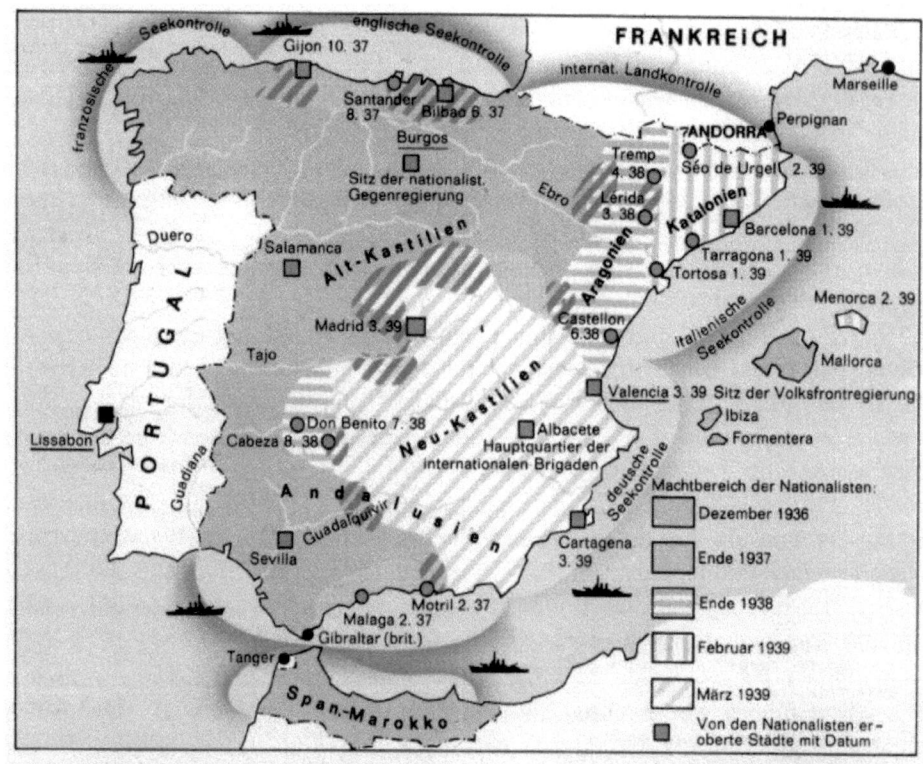

Der spanische Bürgerkrieg 1936–1939
äußere Küstenkontrollbereiche im Verlauf 1936-1939 (rh©copy2017)

II. - deutschsprachige Schriftsteller als Brigadisten[5]*

Siebenundzwanzig deutschsprachige Schriftsteller, Dichter, Journalisten und Publizisten kämpften in den Reihen der Internationalen Brigaden für die Spanische Republik. Die umfangreich daraus entstandene Spanien-Literatur entstand unter dem unmittelbaren Eindruck des faschistischen Überfalls, in Teilen sogar während der Kampfpausen konzipiert oder/und geschrieben. In dokumentarischer Romanform, als Erzählung und als Reportage.
Namentlich:
Willi Bredel*, Eduard Claudius*, Alfred Kantorowicz*, Walter Gorrish*, Bodo Uhse*, Gustav Regler*, Ludwig Renn*, Egon Erwin Kisch*, Hans Marchwitza* und Erich Weinert*. Als Ausnahme, ohne direkte Beteiligung in den Interbrigaden, aber literarisch-dramatisch deren Kampf parteiisch unterstützend: Alfred Kurella, Hermann Kesten, Bertolt Brecht und Ernest Hemingway. Offensichtlich ist dabei, - das Projekt hier belebend - , dass es sich um Schriftsteller handelt, die entweder früh schon KPD-Mitglieder waren, die ohne Mitgliedsbuch affin bewusste Parteilichkeit ausübten, wie solche konsequent bürgerlich-demokratischer Haltung. Letztere eindrucksvoll in Solidarität für die gemeinsame Front, ohne antikommunistische Reminiszenzen.
Allerdings, ohne dass die Leistung der Autoren verunglimpft würde, entwickelten sich in Teilen ihrer Werke auch Diskreditierungen der anarchistischen und trotzkistischen Kampfeinheiten[6], obwohl diese nachweislich mutig und kampferprobt, uneigennützig für die Republik kämpften, wenn auch nicht gerade immer nach Maßgabe der spanischen PCE und der KPDSU. Sollte doch die 'Frente Popular' als Bündnis auch gleichberechtigte Partner vereinen, nicht spalten. Infolge des zweiten der sogenannten Moskauer Prozesse vom 23. - 30. Januar 1937 entwickelte sich große Unruhe gerade bei intellektuellen Brigadisten. Dessen Bekanntwerden führte wenigstens zu Fragen über Berechtigung und Notwendigkeit gerade in der Phase der massiven Unterstützung des spanischen Krieges seitens der sozialistischen Sowjetunion.

---

[5] zu biographischen Angaben vgl.: Abel, Werner; Hilbert, Enrico »*Sie werden nicht durchkommen*« Deutsche an der Seite der Spanischen Republik und der sozialen Revolution. a.a.O.
[6] Polemiken gegen 'Anarchisten' und 'Trotzkisten' unterschiedlicher Couleur und deren Einheiten und Organisationen finden sich besonders bei Bredel, Uhse, Claudius und Regler. Kantorowicz erhebt Anklage, weil sie militärtechnisch, linkssozial und damit objektiv letztlich der Falange in die Hände spielten. Dessen Wahrheitsgehalt und Verifizierung ist hier nicht erarbeitet, sollte aber durchaus bei näherer Beschäftigung Thema sein.Dass gerade die anarchistischen Einheiten mutig und vorbehaltlos den antifaschistischen Kampf führten. (vgl. Geschichte des 'POUM'; der 'FAI', des 'CNT' und der PCE im spanischen Krieg)

(fotos: rh©copy2017)

*Alfred Kantorowicz

Alfred Kurella

*Egon Erwin Kisch

*Erich Weinert

Bertolt Brecht

*Bodo Uhse

*Ludwig Renn

Ernest Hemingway

*Hans Marchwitza

*Gustav Regler

*Willi Bredel

Hermann Kesten

Robert Capa

Gerda Taro

*Walter Gorrish

III. - Zweiter Internationaler Schriftstellerkongress zur
Verteidigung der Kultur – 4.-17.Juli 1937

Ludwig Renn als deutschsprachiger Schriftsteller und aktiver Kämpfer in den Reihen der Internationalen Brigaden war einer der Teilnehmer dieses Folgekongresses nach dem von 1935 in Paris. Stellte sich letzterer unter das Motto *"zur Verteidigung der Kultur'*, nämlich antifaschistisch gegen die weitere Bedrohung und Außerkraftsetzung demokratischer Kulturinhalte und deren Vetreter unter der existierenden Naziherrschaft seit 1933, so tat es dieser aktuell auch.
Einmal hatte der faschistische Terror weiter seinen Unterdrückungsapparat ausgebaut, Kulturschaffende zur Flucht gezwungen oder sie zunächst unter ein Arbeits- und Veröffentlichungsverbot gestellt[7], wie mithilfs der öffentlichen Bücherverbrennungen am 10. Mai 1933 ihrer Arbeit unter Bedrohung des Lebens ein Ende gesetzt. Weiterhin hatte der deutsche und italienische Faschismus 1936 massiv auf Seiten des franquistischen aufständischen Militärs in den spanischen Krieg eingegriffen. Dies sollte ein europaweites Zeichen manifestieren, dass die Republik als momentane demokratische Vertretungsform des Volkes jetzt und für die Zukunft ohne Existenzberechtigung sei und so mit aller Härte im faschistischen Bündnis zu bekämpfen sei.
Um die gewählte Spanische Republik in ihrem antifaschistischen Kampf zu unterstützen, wie auch die Aufstellung und den Kampf der Internationalen Brigaden, war es den Kongressinitiatoren wichtig, gerade sozusagen am und vor Ort des Widerstandes gegen Faschismus und gegen den drohenden Untergang demokratischer und antifaschistischer Kunst und Kultur ein Zeichen zu setzen. Die internationale Liste der Teilnehmer war lang und reichte weit über Europa hinaus. Von den deutschsprachigen Teilnehmern sind hier diejenigen benannt, die auch in diesem Buch als Beiträger und als kämpfende Beiträger innerhalb der Internationalen Brigaden Gehör finden.
Um das leitende Interesse des Kongresses und das einiger Schriftsteller zu verdeutlichen, möchte ich stellvertretend und beispielhaft den Fokus auf Ludwig Renn und Egon Erwin Kisch legen. Mit ihren Reden auf dem Kongress waren damit Ursache, Symptom und Ausblick benannt, wie gleichermaßen auch verdeutlicht wurde, dass nicht gleich jeder Schriftsteller die Feder mit dem Gewehr einzutauschen in der Lage war/sein konnte.

---

[7]Unmittelbar nach dem sog. 'Reichstagsbrand' am 27. Februar 1933 trat die vorbereitete »Verordnung zum Schutz von Volk und Staat« in Kraft. Die sollte u.a. sämtliche Kunst- und Kulturprodukte, die als unverenbar mit der faschistischen Ideologie galten,sowie deren Schaffende, unter Verbot und Verfolgung stellen. Das erzwang in kurzer Zeit einen Massenexodus von Schriftsteller*Innen. (vgl. dazu: Roland Hoja, *Wartesäle der Poesie. Schriftstellerinnen im Pariser Exil 1933-1941.*2.A. Norderstedt 2017)

Ludwig Renn:

Ich begrüße den Kongreß im Namen der deutschen Schriftsteller, die in Spanien an der Front gegen den Faschismus stehen.Ich begrüße ihn auch im Namen der XI. Internationalen Brigade und bin überzeugt, daß sich auch die anderen Internationalen Brigaden, mit denen ich nicht sprechen konnte,diesem Gruß von ganzem Herzen anschließen.
Wir Schriftsteller an der Front haben die Feder aus der Hand gelegt, denn wir wollten nicht mehr Geschichte schreiben, sondern Geschichte machen. ... Wer von euch hier im Saal wünscht meine Feder zu nehmen, der Bruder meiner Gedanken zu sein für die Zeit, wo ich das Gewehr genommen habe? Seht, hier biete ich die Feder als ein Geschenk, das kein Vergnügen ist, sondern eine große Pflicht. Und der Name dieser Pflicht: Alles gegen den Faschismus! Alles für die Volksfront! Alles für die Front der Völker! Alles für die Ideen, die dem Kriege feindlich sind! Kriegsfeindlich, das sagen wir, Männer des Krieges, wir Soldaten! Denn der Krieg, in dem wir mithelfen, ist uns keine Freude, kein Selbstzweck, sondern etwas, das überwunden werden muß! Kämpft, darum bitten wir euch, für diese Ideen, kämpft mit der Feder und mit dem Wort, wie es jedem liegt! Aber, kämpft! Salud![8]

Egon Erwin Kisch:

Wir Schriftsteller aus aller Welt können heute keine andere Aufgabe haben, als ... das klare Wort der Wahrheit gegenüberzustellen.Wer sich Schriftsteller nennt, muß heute seine ganze Energie, seine ganze Begabung und seinen ganzen Namen in die Waagschale werfen, um seine Leser zur Hilfe für Spanien aufzurufen. Kein gewählter Politiker dürfte es wagen, vor seine Wähler zu treten, wenn er nicht klar und eindeutig für den Freiheitskampf des spanischen Volkes Stellung nimmt; kein Staatsmann eines demokratischen Landes dürfte sich fernerhin Staatsmann nennen, wenn er die meuternden Generale als kriegsführende Macht anerkennt; ...
Wir Schriftsteller müssen werben für das Verständnis. Wir müssen uns einsetzen dafür, daß dem Aufstand der Kriegsschieber die Verachtung aller Gutgesinnten zuteil wird, ihre Lüge und ihre Ideologie zusam-

---

[8]Auszug der Rede L. Renn auf dem 'II. Schriftstellerkongreß zur Verteidigung der Kultur'. Madrid 1937. In: Erich Weinert, *Die Fahne der Solidarität*, a.a.O.

menbricht, bevor sie noch die Waffen strecken. Wir Schriftsteller aus aller Welt und aus allen Lagern müssen in unseren Schriften nicht nur für die Gegenwart des spanischen Freiheitskampfes eintreten, sondern wir müssen auch dafür sorgen, daß die Geschichtsschreibung diesen heldenhaften Widerstand nicht verfälschen kann und ihn als das hinstellen muß, was er wirklich ist: ein Krieg um die Menschenrechte gegen die modernsten Gewaltmethoden der Reaktion, die Methoden des Faschismus![9]

Gehen wir noch einmal zurück in das Kriegsjahr 1937. In Valencia, Madrid und Paris findet der Kongress statt. Im Oktober 1936 hatte es im umkämpften Madrid eine vorbereitende Tagung des Generalsekretariats der Organisation gegeben, die sich unter Leitung von Rafael Alberti und Jose Bergamin mit der Tätigkeit der spanischen Sektion befaßte und die die Bereitstellung von Mitteln für die Erweiterung der Massenarbeit der spanischen Schriftsteller an der Front des Kampfes mit dem Faschismus und dem im Hinterland beschloss. Diese Oktobertagung wandte sich in einem Aufruf an die Schriftsteller der ganzen Welt und betonte dabei die Einheit zwischen dem Kampf des Volkes und der spanischen Kultur ebenso wie den untrennlichen Zusammenhang zwischen dem zukünftigen Ausgang des Krieges in Spanien und der Zukunft der ganzen Menschheit, der Zukunft der Weltkultur. In diesem Geist wies man auch eine Haltung der Neutralität gegenüber der Sache Spaniens vehement zurück. Die Vorbereitung und Durchführung mitten im Kampfgebiet war für das Gastgeberland nicht ohne Schwierigkeiten zu gewährleisten. Sie werden der Hauptgrund für eine zweimalige Verschiebung gewesen sein. Nach einer gemeinsamen Anreise des Gros der Deligierten von Paris aus – eine kleine Gruppe mußte illegal über die Grenze gebracht werden – wurde der Kongreß am 4. Juli 1937 in Valencia, dem damaligen Sitz der Regierung eröffnet. Er tagte vom 6.-8.Juli in Madrid und kehrte zu weiteren Beratungstagen am 10.Juli nach Valencia zurück. Der Spanien-Teil wurde mit einem Meeting in Barcelona am 11. Juli abgeschlossen.

Im Vordergrund des Kongresses standen vor allem zwei Fragenkomplexe:

Die Verteidigung der Kultur und die Rolle des Schriftstellers

---

[9]Auszug der Rede E.E. Kisch auf dem II. Schriftstellerkongress. Madrid 1937. In: Erich Weinert, *Die Fahne der Solidarität*, a.a.O.

Die Kongressteilnehmer, die die Bombardierung von Städten nun miterlebten, von Kathedralen, die zum Besten gehörten, was sie je an europäischer Kunst sahen, waren sich einig darüber, dass die Verteidigung der Kultur heute mit der Verteidigung Spaniens identisch ist. Die äußerst zugespitzte Situation, in der der Kongreß tagte, wirkte sich auch auf die Debatten aus, sodass Erklärungen wie folgende von Ludwig Renn prinzipiellen und symptomatischen Charakter hatten:

Wir Schriftsteller an der Front haben die Feder aus der Hand gelegt, denn wir wollen nicht mehr Geschichte schreiben, sondern Geschichte machen.[10]

Erst im Paris-Teil des Kongresses arbeitete man sich diskursiv an eine historische Definition der Rolle der Schriftsteller, die eine dialektische Beziehung meinte, heran, indem man geschichtemachendes Schreiben als höchste Substanz glaubte begreifen zu müssen. Die aktive Rolle des Schriftstellers war durch den Spanischen Krieg auf neue Weise in Frage gestellt worden und man vertraute auf die produktive Lösbarkeit dieses Problems. Wie die biographischen Wirklichkeiten gegenüber solchen Forderungen aussahen, haben wir bereits gehört. Einem der bedeutensten Vertreter der spanischen Literatur im 20. Jh blieb nicht einmal mehr die Zeit zum Schreiben, geschweige denn Geschichte zu machen.Federico Garcia Lorca wurde wahrscheinlich am 18. August 1936 in einer Nacht- und Nebelaktion in der Nähe von Granada erschossen. Es gibt zwar eine Grabstätte, jedoch ohne Leichnam, der anonym verscharrt worden war. Sein Tod hat Geschichte gemacht. Mit seinen überlieferten Texten hat er ein Stück große Literatur geschrieben, der spanische Krieg hat sie vorzeitig durch faschistische Gewalt beendet.

---

[10]L.Renn, vgl. Anm.8

Kongressteilnehmer Erich Weinert 2.v.li.; Ernst Busch 3.v.li. (rh©copy2017)

IV.

1. Lektürebegegnungen
Texte als Abbild historischer Wirklichkeiten

- **Willi Bredel** (2. Mai 1901 Hamburg; † 27. Oktober 1964 Ost-Berlin)
Begegnung am Ebro (1939)

Die Widmung: *Dem Kameraden Hans Kahle, Kommandeur der XI. Internationalen Brigade* – zeigt schon deutlich den Entstehungskontext des vorliegenden Doku-Romans wie auch dessen Inhaltsbezug. Befand sich nämlich der Autor in der Funktion eines politischen Kommissars (Politkommissar) im sogenannten ‚Thälmann Bataillon' o.a. Brigade. Mit der Aufgabe, im Verbund der Spanischen Volksarmee die faschistische Reaktion unter Befehl Francisco Francos zu bekämpfen, um die Republik zu schützen und deren berechtigte Souveränität kämpfend wieder herzustellen.
Wir befinden uns in den Jahren 1936-1938 auf den Hochebenen der Sierra zwischen Valencia-Huesca-Zaragossa. Die Brigade selbst hat eine Offensivfront von 22km zu verteidigen, wie dem faschistischen Feind bereits besetztes Land zu entreissen. Das ‚Thälmann-Bataillon' selbst operiert in diesem Sektor nahe Cespe am Ebro.
Grundsätzlich gilt für den Ich-Erzähler:

Nein, sagte ich zu mir, du bist nicht gerne Soldat. Wüßtest du nicht, um was es geht, was alles von dem Ausgang gerade dieses Kampfes abhängt, niemand würde dich hier her bringen, (...) nicht wie einer kämpfe sei das Wesentliche, sondern wann und weswegen er die Waffe ziehe.[11]

Nicht nur die eigentliche militärische Handlung gilt, sondern gleichermaßen und gleichberechtigt die politische Schulung und die unterstützende kulturelle Bildung *(in allen Zügen und Kompanien wurden Politstunden eingesetzt.S.88f)* So schildert der Ich-Erzähler wie das Lesen und Schreiben neben der militärischen Ausbildung als kulturelles Gut vermittelt wird. War es doch offensichtlich geworden, dass sich die spanischen Kämpfer zwar mutig auf Angriff und Verteidigung verstanden, in vielerlei Hinsicht aber einen unterentwickelten Bildungsstand aufwiesen. Das stellte einen Widerspruch innerhalb der Volksarmee zu den Mitgliedern der Interna-

---
[11] Willi Bredel, *Begegnung am Ebro*.Paris1939,. S.97

tionalen Brigaden dar und im Besonderen zu großen Teilen der indigenen Landbevölkerung. So hatte das Bataillon 'Thälmann' auch die Aufgabe in Angriff genommen, Lese- und Schreibunterricht in Schulungskursen zu erteilen und für die Erwachsenen und Kinder der Landbevölkerung eine Schule aufzubauen.

Ihr seid betrogene Menschen, (…) ihr wißt nichts von den Schätzen, die in einem guten Buch stehen, nur der lesekundige kann sie sich aneignen.[12]
Schließlich gelang es dem Bataillon durch emsige solidarische Arbeit eine Schule aufzubauen, einzurichten und feierlich zu eröffnen. Zu dieser Festlichkeit konnte auch der revolutionäre deutsche Dichter und Brigadist Erich Weinert anwesend sein. Der sprach den Menschen des Ortes, Kindern, Erwachsenen, den Brigadisten aus dem Herzen und in ihre ums Leben kämpfende Herzen.[13]

Das Buch widmet sich dann in seinen letzten Teilen der militärischen Offensive der XI. Brigade in den Dezembertagen 1937, um die Rückeroberung der Stadt Teruel als Brückenkopf und deren umliegende Anhöhen aus den Klauen der faschistisch-falangistischen Reaktion.

Die Neujahrsbotschaft, die das republikanische Oberkommando dem spanischen Volk und der ganzen Welt mitteilen konnte, war die Siegesbotschaft: Teruel erobert.[14]

Diese Offensive sollte die letzte sein, an der der Ich-Erzähler teilnehmen sollte, bevor die XI. Brigade und mit ihr das 'Bataillon Thälmann' im Juli 1938 ihre darauffolgende und letzte im Ebro-Delta bei Tortosa eröffnete. Diese massiven Kampfhandlungen hatten hohe Kraftaufwendungen, Mut und militärisches Geschick zur Voraussetzung. Letztlich erkämpften sie hier mit hohen beklagenswerten Verlusten einen Sieg, der die sog. Ebrofrontlinie wiederholt unter republikanische Kontrolle bringen sollte:

Die Sonne im Rücken, stürmten die Kameraden dem Tag voran …
Salud, Amigo! Guter Geist Spaniens, Salud! … Viva la Vida![15]

---

[12]Ebenda, S.125
[13]Ebenda, S.148
[14]Ebenda, S.155
[15]Ebenda, S.188

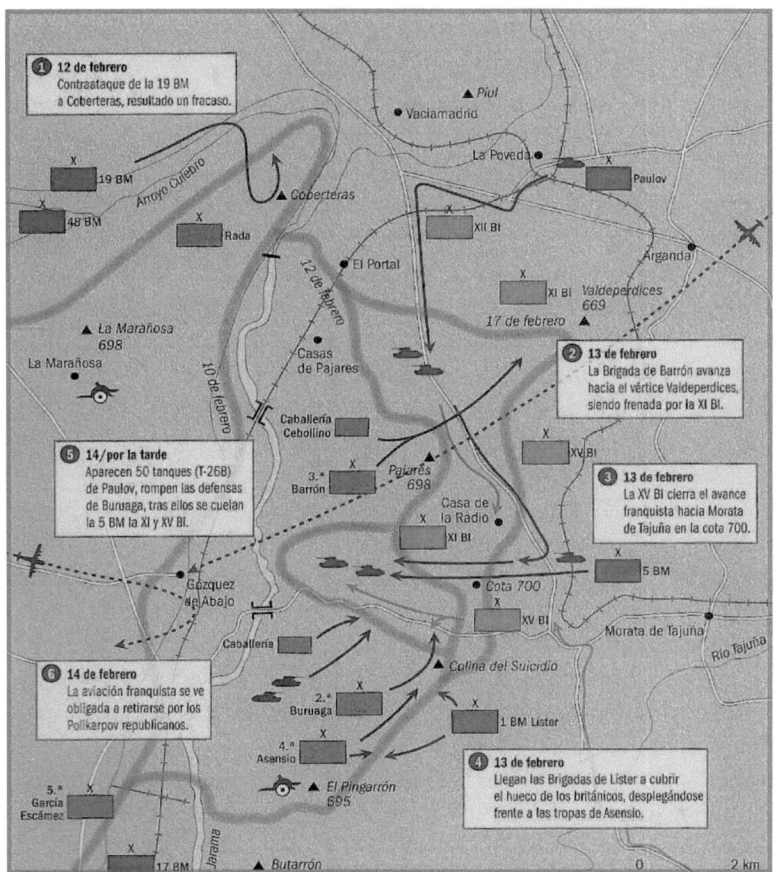

die Rückeroberung Teruels durch republikanische Truppen der Volksarmee und Interbrigaden, Februar 1938 (rh©copy2017)

Kommentar:
Natürlich gilt dieser Doku-Roman als biografischer des Autors Willi Bredel, - er selbst eben Schriftsteller-Brigadist - , der nicht nur den Verlauf des Spanischen Bürgerkrieges in ausgewählten Episoden schildert, sondern vielmehr diesen als antifaschistischen, internationalistischen und Klassenkampf charakterisiert. Geschieht das aus der Sicht eines deutschen kommunistischen Schriftstellers (vgl. Internationaler Schriftstellerkongress Paris 1935 und Madrid 1937), geschieht es gleichermaßen aus der Sicht eines Demokraten und Humanisten. An manchen Stellen erscheinen überzogene Heroisierungen, wenn es um Märtyrer handelt oder wenn die UdSSR 20 Jahre nach der Oktoberrevolution unangefochten als sozialistische Macht gilt, die uneingeschränkt und uneigennützig den Kampf der spanisch-republikanischen Volksarmee unterstützte.[16]
Eindrucksvoll zu lesen über die nahezu unvorstellbaren Strapazen des kämpfenden Daseins, das geprägt war durch Entbehrungen, heiße und kälteste Klimabedingungen, unwirtliche Landschafts- und Behausungsumstände, sowie eine hohe Anzahl von menschlichen Verlusten, Tote und Verletzte. Auch, und das scheint für die internationalistische Perspektive bedeutsam, das Misstrauen gerade der Landbevölkerung gegenüber den ‚Fremden' in ihrem Land. Bredel versteht es gut, diese Umstände und Widersprüche einfühlsam zu erzählen, nicht allein subjektiv zum Wohle des Widerstandes. Aus diesen Umständen heraus, die für die kämpfenden Brigadisten eben auch fundamentale Niederlagen einschlossen, gelingt es ihm, immer wieder positiv Optimistisches durch so gezeichnete Situationen und Charaktermenschen wie Max, Hans und Pedro zu vermitteln.
Ein lesenswerter Roman, der Geschichten erzählt aus einem internationalistischen antifaschistischen Kampf auf europäischem Boden noch vor Beginn des II. Weltkriegs. Der erzählt, wie menschen- und systemgemachter Faschismus als Ausgeburt des Kapitalismus/Imperialismus durch humanistisch-demokratische, in einer Volksarmee organisierte internationale Kräfte massiv erfolgreich bekämpft werden konnte. Mit dem Ziel eines antifaschistischen, demokratisch organisierten Gemeinwesens für alle darin lebenden Menschen.
Auch wenn der international organisierte Faschismus letztlich einen militärischen Sieg errang, der nur mittels einer Diktatur und westlich-kapitalistischer Hofierung bis in die 70er Jahre des letzten Jh. zu halten war.
Man merkt, dass Bredel der spanischen Bevölkerung mit mehr Sympathie gegenüberstand, sie aber auch fürchtete, und sich selbst streckenweise als Eindringling

---

[16]Historisch betrachtet hat das nicht unwidersprochen zu gelten, weil nachweislich die UdSSR ausdrücklich die kommunistischen Kräfte in der ‚Frente Populare' unterstützte, wie sie gleichermaßen die anarchistischen als trotzkistische bekämpfte und die bürgerlich-demokratischen mehr ‚nur' tolerierte.

empfand. Nicht alle deutschen Genossen beobachtete er wohlwollend. Sein spanischer Protagonist, der Andalusier und ehemalige Anarchist Pedro, dem man lange voller Misstrauen gegenübersteht, bittet nicht explizit um Disziplinierung durch die Deutschen. Aber Pedro nimmt durch den Umgang mit den Deutschen ihr Wesen an. Aus dem *hitzköpfigen Andalusier*, der sich zu den Anarchisten bekannte, wird unter dem Einfluss des erzählenden Politkommissars Bredel gar eine andere Persönlichkeit: *Merkwürdig verändert hatte sich der hitzige Andalusier; Ruhe und Sicherheit gingen von ihm aus.*[17] Als Verräter entpuppt sich hingegen ein deutscher Brigadist, Herbert Tissen; er bezeichnete die Spanier als naiv, da sie gemeinsam mit den deutschen Kommunisten kämpfen, statt sich der Gefahr bewusst zu sein, die von ihnen für sie ausgeht.

Bredel war 1937 direkt aus Moskau an die Front in Spanien geeilt; sein jüngster Erfahrungshintergrund war somit ein anderer als der von Renn, Claudius oder Uhse. Er glaubte daran, dass es *Schädlinge* und *Spione* in den eigenen Reihen gebe, aber er hatte auf Verhaftungen ihm persönlich Bekannter auch irritiert bis bestürzt reagiert. Eine vorschnelle Verurteilung der Spanier hielt er offensichtlich für einen Fehler, und so beweist Pedro im Roman seine Loyalität, indem er Tissen bei der Brigadeleitung denunziert. Ausnahmsweise muss ein deutsches schädliches Element liquidiert werden.Doch ansonsten zieht sich der Gegensatz zwischen deutschen Brigadisten und spanischer Bevölkerung - auch hier existiert keine Trennungslinie zum Anarchismus - gleichermaßen durch *Begegnung am Ebro*. Er wird bereits auf den ersten Seiten entwickelt.

Während die Deutschen auf ihr Erscheinungsbild und feste Formationen achten (*Wir können doch nicht wie Zigeuner durch die Stadt latschen!*)[18] sind die Spanier ungeübt im Marschieren und *kriechen dahin wie Lahme*. Alles müssen sie erst lernen. Der deutsche Kommandant war kurz zuvor noch in Madrid; dort sah er überall Verletzte, Männer mit Armschlingen, bei denen es sich aus deutscher Sicht nur um Anarchisten handeln konnte:

Ich hab Dutzende mit Armverletzungen gesehen. Wieso hatten alle Armverletzungen? Jedenfalls ist es die bequemste von allen Verwundungen,man kann sie spazierenführen.' 'Die Durrutileute sollen doch tapfer gekämpft haben?' 'Sicherlich. Nur unausstehlich eitel und theatralisch sind sie. Mir kommt manchmal ganz Spanien wie eine riesige Stierkampfarena vor; alle spielen mit bei der Hetz, sowohl die auf der Schattenseite wie die auf der Sonnenseite.[19]

---
[17]Ebenda, S.24
[18]Ebenda, S.26
[19]Ebenda, S.27

Notizen

- **Bertolt Brecht** (1898 in Augsburg; †1956 in Ost-Berlin)
Die Gewehre der Frau Carrar (1937)

Wir brauchen Waffen, um die Freiheit und den Frieden zu behaupten! Und vergeßt nicht, niemand soll das vergessen! Wenn heute der Widerstand gegen die faschistische Aggression unser Los ist, so wird der Kampf nicht in Spanien aufhören.[20]

So die spanische Kommunistin Dolores Ibárruri (gen. ‚La Pasionaria') auf der 1. Mai Kundgebung in Paris 1937.

Von links nach rechts: General Walter; Dolores Ibarruri (La Pasionaria); Generalkriegskommissar Gallo (Luigi Longo)

Dolores Ibárruri, gen. »La Pasionaria« (rh©copy 2017)

---

[20] Zitiert nach: *Die Völker an der Seite der spanischen Republik 1936-1939.* Moskau 1975, S. 121

Im ‚Vorspiel' zur Aufführung zur ‚Carrar' in Kopenhagen 1937 geht es um die Frage, ob das Kämpfen gegen einen mächtigen faschistischen Apparat überhaupt Zweck habe. Dort lässt Brecht einen Arbeiter antworten, womit der komplexe politische Sinn des Stückes sich offenbart. Gleichermaßen dient dieses ‚Vorspiel' dramaturgischen Zwecken, indem historisch-gesellschaftliche Erläuterungen als epischer Rahmen eingefügt wurden:

> ...*die beste antwort könnte euch die frau dort geben, aber sie versteht eure sprache nicht. Sie ist meine schwester. Sie lebte mit zwei söhnen in einem kleinen fischerdorf in katalonien, der junge ist derjenige ihrer söhne, der noch lebt. Sie stellte ebenfalls die frage: wozu kämpfen? Sie fragte das nicht bis zuletzt, aber sehr lange, fast bis zuletzt, und wie sie stellten diese frage WOZU KÄMPFEN? viele ihresgleichen sehr lange, fast bis zuletzt. Und daß sie diese frage so lange stellten, das war einer der gründe dafür, daß wir geschlagen wurden, seht ihr. Und wenn ihr diese frage einmal stellen werdet wie sie, dann werdet auch ihr geschlagen werden.*[21]

Bertolt Brecht entwickelte dieses Stück 1937 angesichts des Putsches (17.Juli 1936) der royal-konservativen und faschistischen Kräfte gegen die gewählt legitimierte bürgerlich-demokratisch-republikanische Regierung mit Sitzen in Madrid, Bilbao und Barcelona. Schnell war deutlich geworden, dass der sogenannte ‚Westen' eine Nichteinmischungspolitik betreiben würde und betrieb. Dazu trat der sogenannte »Nichteinmischungsausschuß« am 9. September 1936 in London zusammen, der natürlich die faschistischen Putschisten in Spanien zur internationalen Begünstigung verhalf. In Frankreich entwickelten sich massenhafte Protestkundgebungen für eine Waffenhilfe und dem unterstützenden Kampf gegen die Franco-Truppen. Doch auch seitens der französischen Volksfrontregierung unter Léon Blum wurde dies verweigert. Sie beschränkte sich auf humanitäre Hilfe. Während die offen faschistischen Regierungen Deutschlands und Italiens massiv die Putschisten unterstützten. Schon brachten bald deutsche und italienische Transportflugzeuge an die 15.000 marokkanische Soldaten und Offiziere[22] an die Fronten. Das republikanische Spanien rief um Hilfe, um Waffenhilfe.

---

[21] Bertolt Brecht, *Die Gewehre der Frau Carrar*.BBA. Mappe 167, Blatt 26
[22] In der Literatur aus dem Spanischen Bürgerkrieg werden sie als ‚Moros' (nordarabische Dunkelhäutige) bezeichnet.

Vor diesem Hintergrund spielt Brechts' Stück, das er zwischen zwei sich verändernden Haltungen der Frau Carrar und ihrer Söhne entwickelt. Zunächst ihre, den Kampf an der Front gegen die Faschisten ablehnende, indem sie ihren Sohn Juan auf See zum Fischen schickt, während Söhne anderer kämpfen:

> Der Junge *Und auch Juan wäre nicht draußen, wenn es nach ihm ginge.*
> Die Mutter *Richtig. Es geht nicht nach ihm.*
> Der Junge *Ich habe Hunger.*
> Die Mutter *Aber du hast etwas dagegen, daß dein Bruder Fische fängt.*
> Der Junge *Weil das auch ich machen kann und Juan an die Front gehört.*[23]

Ihr Mann, der Vater der Söhne, war bereits im Kampf gegen die faschistischen Putschisten gefallen. Nun möchte sie ihren ältesten Sohn, aus Angst auch ihn zu verlieren, schützend von den Kämpfen fernhalten. So schickt sie ihn aufs Meer zum Fischen, damit seine Kameraden ihn nicht abholen können. Im Verlaufe des Stückes verdeutlicht sich in Dialogen dann eindrucksvoll wie die ‚Westmächte' sich in scheinbarer ‚Neutralität' zurückhalten, was de facto einer Unterstützung gleichkommt, währenddessen die italienischen und deutschen Faschisten die vorrückenden Franco-Truppen mit Waffen unterstützen. Gleichermaßen aber auch die im Widerspruch stehenden Stimmen aus dem Volk (Das Mädchen) und der Arbeiterklasse (Der Arbeiter), die unmissverständlich den aktiven Widerstand mit der Waffe einfordern. Auch Teile der Kirche (Padre) stehen zur rechtmäßigen republikanischen Regierung, wenn auch den aktiven Kampf mit der Waffe als Gewalt verurteilend. Frau Carrar ändert ihre Haltung nicht, sie zögert nichtmals, verweigert sogar die Herausgabe der Gewehre ihres Mannes für andere Kämpfer. Familienzusammenhalt, Liebe gegenüber den eigenen Kindern und die Verteidigung der Familie - das sind ihre Leitideale, die sie gegenüber jeder Einmischung von außen verteidigt. - Doch bald wird auch ihr wehrloser Sohn Juan auf dem Meer von Faschisten erschossen, was die vorherige Frage des Arbeiters und die Antwort der Frau Carrar angesichts der Dialektik des Krieges als illusionär erscheinen lässt:

---

[23] zitiert nach: *Brechts Gewehre der Frau Carrar.* (hrsg. Klaus Bohnen). Frankfurt a. Main 1982. S.13ff

„Der Arbeiter:
Dann will ich noch eine andere Frage an Sie richten, Padre: Glauben Sie, daß verschont werden wird, wer die Waffe niederlegt?
Die Mutter: *Dem, der nicht kämpft, kann nichts geschehen.*

Und weiterhin daran festhaltend:
Die Mutter: *Wer zum Schwert greift, wird durch das Schwert umkommen.*

Nachdem die Mutter angesichtig ihres getöteten Sohnes Juan Carrar zur Erkenntnis über diese illusionäre und schematische Ansicht gelangt, verändert sich ihre Haltung zunächst soweit:

Die Mutter: einfach *Schuld war die Mütze*
Erster Fischer: *Wieso?*
Die Mutter: *Sie ist schäbig. So etwas trägt kein Herr.*
Erster Fischer: *Aber sie können doch nicht auf jeden losknallen, der eine schäbige Mütze aufhat?*
Die Mutter: *Doch. Das sind keine Menschen Das ist ein Aussatz, und das muß ausgebrannt werden wie ein Aussatz.*
zu den betenden Frauen, höflich:
Ich habe noch allerhand zu tun hier, und mein Bruder ist ja bei mir.

Bis sie schließlich danach handelt:
Die Mutter nach vorn zum Backofen gehend, laut:

Nehmt die Gewehre heraus! Mach dich fertig, José! Das Brot ist auch fertig.

Während der Arbeiter die Gewehre aus dem Kasten nimmt, sieht sie nach dem Brot. Sie nimmt es aus dem Ofen, schlägt es in ein Tüchlein und tritt zu den beiden. Sie faßt nach einem der Gewehre.

Der Junge : *Willst du denn auch mitkommen?*
Die Mutter:
Ja, für Juan."[24]

---

[24]Ebenda,S.38-40

Kommentar

Brecht hatte das Stück zunächst in einer ersten Fassung im Juni 1937 *Generäle von Bilbao* betitelt. Veränderte dann den Schauplatz an die andalusische Front, nachdem Bilbao von den Franco-Truppen eingenommen worden war, wie er auch die dem Stück innewohnende Haltung aufgrund der historischen Dialektik als persönliche typisierte Entwicklung darstellte. Das Stück war nicht nur Anklage, wie bürgerlich-demokratischer Empörung sowieso zu eigen, sondern verfasst als Entwicklung einer proletarischen Frau mit all den Eigenheiten von Menschlichkeit, Freude am und Angst ums Leben. Hin zum Kampf ums Leben mit Ihresgleichen, obwohl sie um deren Macht nicht weiß, mindestens aber daran zweifelt. Teresa Carrar bekommt Konturen, ein Gesicht, einen revolutionären Charakter, auch wenn sie im Theaterstück selbst nur als *Die Mutter* bezeichnet wird. Das ist sozusagen die dramaturgisch ausgedrückte Wende einer um Frieden im eigenen Familienkreis und im Land ringenden Frau.

Das Gewehr, -‚die Gewehre der Frau Carrar'-, wird konkret, werden zum Sinnbild für den Moment, an dem Gewalt (Waffengewalt) zum gerechten Mittel gegen faschistisches Unrecht notwendig umschlagen muss. Ihre währenden Widersprüche verdeutlichen sich an verschiedenen Orten. So z.B. in der Szene im Streit aller gegen sie. Dort zerreißt sie zunächst im Zorn die kleine rote Fahne, während sie aber sogleich die Fetzen einsammelt und heimlich in ihrer Tasche verbirgt.

> *...Ich bin nicht für die Generäle, und es ist eine Schande, das von mir zu sagen. Aber wenn ich mich still verhalte und meine Heftigkeit bekämpfe, dann lassen sie uns vielleicht verschont. Das ist eine einfache Rechnung. Es ist wenig genug, was ich verlange. Ich will diese Fahne nicht mehr sehen. Wir sind unglücklich genug.*
>
> Sie geht still zu der kleinen Fahne, nimmt sie hoch und zerreißt sie. Dann, sogleich, bückt sie sich und sammelt die Fetzen wieder auf, sie in die Tasche steckend.[25]

Sie tritt aus dem reinen Pazifismus aus und begründet in ihrer Denkens- und Verhaltensänderung eine Haltung, die dem Humanismus und dem spanischen Volk im Kampf um Frieden und Demokratie nützt, mit der Waffe in der Hand!

---

[25] Ebenda, S.32f

Die Gewehre der Frau Carrar, Aufführung: University of Arts, London 2008 (rh©copy2017)

- **Eduard Claudius** (29. Juli 1911 in Buer; † 13. Dezember 1976 in Potsdam)
  Grüne Oliven und nackte Berge (1944)

> *Von allem hat man sein Teil abbekommen. Von Zigaretten, vom Wein, den Bildern der Landschaft und den Bildern der Städte, von Theater, Musik und Büchern, aber hat man je genug gelebt? Kann man je genug leben? Die Lust zum Leben ist in einen gepflanzt. Das Gerinnsel der Müdigkeit um die Augen, die zwei tiefen Falten von Nase zu Mund, sie sind nur auf der Haut. Unter der Haut das Blut, die Muskeln, das Denken und Fühlen, alles ist jung und frisch. Aber man weiß – nur ist es seltsam, daß man es nicht mit Worten sagen kann -, um weiterleben zu können, muß man sogar den Tod auf sich nehmen.
> ...* [26]

Die erzählte Zeit des Romans umfasst den Zeitraum Oktober 1936, der Ankunft mit dem Transportschiff in Valencia bis zur Aufstellung der Internationalen Brigaden in Albacete[27] Den Oktober/November 1938[28] zur Auflösung der Internationalen Brigaden und der Rückkehr des nun ‚frontuntauglichen' und mittlerweile 27jährigen Protagonisten Jak Rohde nach Paris.

Als Freiwilliger in den Internationalen Brigaden erlebt er sowohl den Beginn wie das nahende Ende des Krieges in Spanien mit. Im vierten Buch des Romans wird seine Rückkehr nach Paris und das Wiedersehen mit Thea (seiner Freundin) geschildert. Damit einher geht die Beschreibung seines Kampfes zwischen innerer Überzeugung hinsichtlich der zeitlosen Notwendigkeit seines politischen Engagements einerseits und den Verlockungen der Idee des familiären und mithin bürgerlichen Lebens mit Thea in der neutralen Schweiz andererseits.[29]

Eines der Grundmotive des Romans ist mithin die idealtypische Darstellung der Entwicklung des sozialistischen Helden vom gewöhnlichen Parteimitglied hin zum Primus, vom romantischen Idealisten zum pragmatisch-politischen Kämpfer:

> *„Die Entwicklung Jaks, die im Roman beschrieben wird (...), geht nicht ohne Widersprüche und Zweifel ab; diese werden jedoch pro-*

---

[26]Claudius, Eduard: *Grüne Oliven und nackte Berge*. München 1976. S. 28f
[27]Ebenda,S.47ff,64f
[28]Ebenda,S.351
[29]Vgl.: Ulf Hansen: *Die Darstellung des Spanischen Bürgerkrieges in der deutschen Exilliteratur.* unveröffentlichte Magisterarbeit Kiel 1984. S.93.

duktiv, d.h. gemäß der Parteilinie gelöst;dies entspricht den Anforderungen an den typischen Helden.[30]

Diese Entwicklung des Protagonisten vollzieht sich in einem komplexen Spannungsgeflecht aus bestimmten Figurenkonstellationen, die teils positiven, teils negativen Bezugscharakter hinsichtlich Jaks Entwicklung besitzen. Entsprechend dient die Figurenvielfalt, auch die schlecht motivierte, stets auch zur Verdeutlichung eines gewissen Geschichtsverständnisses.

- Buch (1.- 3.): Ort/Zeit/Inhalt

1.Buch:
Ankunft der Interbrigadisten in Valencia Herbst 1936. Fahrt nach Albacete; Vorstellung handlungstragender Charaktere; Verhöre
2.Buch:
Sommer 1937 Erste Frontkämpfe um Madrid; zeitliche Brüche; Besuch in der Etappe/Bordell; Prozeß gegen Feldwebel Karl; diverse Schlachten; Tod Juans; Verwundung Jaks
3.Buch:
Herbst/Winter 1937, Rückkehr Jaks zur Truppe (als Kriegskommissar); Kampf um Teruel; Niederlage gegen die Faschisten am Mueleton; Flucht ins feindliche Hinterland; Tod Fernandos und Samuels
4.Buch:
Paris; November 1938: Jaks Ankunft in Paris; Begegnung mit Frauen (Kritik an bürgerlicher Gesellschaft); Wiedersehen mit Thea und Idealisierung Theas und Jaks

Zwischen der Ankunft in Valencia im ersten und der Rückkehr nach Paris im vierten Buch liegen zwei Jahre Kämpfe innerhalb der Internationalen Brigaden an unterschiedlichen Sektoren der Frontlinien zu den monarchistisch-nationalistisch-faschistischen Aufständischen, wie Willi Bredel es in seinem Ebro-Roman bezeichnete. Dazu die jeweiligen massiven Angriffe aus der Luft durch Teileinheiten der regulären italienischen Luftwaffe *Aviazione Legionaria* ('Fiats') den unterstützenden sog. *Corpo Truppe Volontarie*, 'CTV', wie besonders durch die '*Legion Condor* (Heinkel;Junkers;Messerscmidt;Dornier) der Luftwaffe des Hitler-Faschismus.

---

[30] Ebenda. S.96.

Claudius' Protagonist Jak Rohde kämpft nach Ankunft in Valencia in den Reihen der 1936 aufgestellten Internationalen Brigaden:

Immer mehr Menschen standen an der Straße, je näher sie Valencia kamen. .... Als sie am Rand der Stadt Valencia waren, sahen sie aus allen Fenstern und von den Balkonen Fahnen wehen. Rote und schwarz-rote und die der Republik. Menschen standen auf den Bürgersteigen, auf den Balkonen und in den Fenstern.Mädchen mit schwarzen Haaren, in Kleidern wie Herbstblumen,Kinder, die schrien, und alle winkten. Die Straßenbahnen standen still. ... Heiser die Stimmen, sangen die Menschen auf der Staße mit, und sie marschierten mit.[31]

Diese kleine Provinzstadt Albacete sollte das Zentrum der entstehenden Interbrigaden werden. Eine alte Stadt mit bestimmten historischen Erinnerungen ..., wie jede dieser kleinen Provinzstädte Alt- und Neukastiliens.[32]

entstehende Interbrigaden, Oktober 1936 (rh©copy2017)

---

[31]Eduard Claudius, *Grüne Oliven.a.a.O.*, S.47ff
[32]Ebenda, S.64f

Er erzählt vom Barrikaden- und Häuserkampf in den Madrider Außenbezirken,[33]

Barrikadenkämpfe, Madrid Juli 1936 (rh©copy2017)

den Kämpfen um die Provinzhauptstadt Teruel und den Muelton-Bergen am Rio Alfambra (3.Buch), sowie im 4.Buch über das Wiedersehen mit seiner Verlobten Thea in Paris, nachdem er nach Auflösung der Internationalen Brigaden fronttuntauglich Spanien verlassen musste. Hier erwartet er neue Instruktionen und Aufträge seitens der Exil-KPD in Paris.

Das bildet Rahmen und Inhalt der eigentlichen Romanerzählung, die hier nicht weiter verfolgt werden soll. Vielmehr soll es um Themenkomplexe handeln, die ich im Zuge der Unterstützung des Spanischen Volkskrieges für wesentlich halte und die im Roman selbst ihren Ausdruck finden. So soll es gelingen, inneliegende Kernaussagen zu erschließen und zum Nachlesen zu motivieren.

---

[33]Ebenda,S.100

- Menschlichkeit, Sehnsucht, Angst und Krieg

»Jeder hat Angst«, hörte Jak die helle, nüchterne Stimme, und es war eine Spur Zynismus in ihr.»Es gibt welche, die haben vor Angst in die Hosen geschissen« Es ist wirklich so, daß jeder Angst hat; auch ein Kommunist hat Angst vor dem Sterben;kein Mensch lebt so gern wie ein Kommunist.[34]
„Im Krieg darf es keine schwachen Menschen geben, denn sonst ist der Krieg stärker und zerquetscht uns" sagte Jak kalt. Der Mann fuhr zusammen. „Deine Stimme ist kälter als Eis, ich sagte es dir schon einmal. Wenn ich dich höre, rasselt mir Metall in den Ohren. Du darfst nicht so zu uns sprechen. Du darfst nicht zu uns sprechen wie ein weißer Moro"(marrokanische zwangsrekrutierte Söldner auf der Seite der faschistischen Franquisten, rh)[35]

Als ich die beiden Jungen sah, war mir sehr weh. Ich habe alles begriffen, denn jeder von uns sehnt sich nach dem Feuer in der Küche. Unsere Härte hat etwas von Notwehr an sich, wir haben ja unsere Küche verloren. Wir haben alles verloren, was den gewöhnlichen Menschen ausmacht. Eine Küche, ein Bett, die Frau, die irgendwo lebt, aber wir haben etwas gewonnen, was den Menschen erst ausmacht: den Willen zum unerbittlichen Kampf.[36]

»Ja. Daß wir im Krieg wieder Menschen geworden sind. Daß es einen Krieg gibt, in dem man zum Menschen werden kann. Man muß nur wissen, wofür man kämpft, dann wird man durch den Krieg wieder zum Menschen«.[37]

Seltsam ist einem vor dem Sturm. Immer wieder das gleiche Zittern, das Sichheben der Gedärme, als sei eine Hand in einem, die alles gegen die Magenwand hochdrückt. Aber es ist sicher nur die Erregung, sagt sich Jak. Angst kann man nur vor etwas haben, gegen das man sich nicht wehren kann. Vor dem Speer eines Geschwaders von Bombenflugzeugen oder vor Artillerie. Sie überfallen einen wie ein Erdbeben. Hier kann die feindliche Artillerie nicht eingreifen, ebenso die Flieger, hier geht es

---

[34]Ebenda,S.69
[35]Ebenda,S.192
[36]Ebenda,S.239
[37]Ebenda,S.248

41´

Mann gegen Mann, Handgranate gegen Handgranate, Bajonett gegen Bajonett.[38]

- Direktheit und Brutalität in der Schilderung der Kämpfe

„Genosse Kommissar, ich kann nicht mehr." Er war über und über mit Blut bespritzt und auf dem Rock voll Resten eines Gehirns und zerschmetterten Knochen.[39]
Einer der Moros, verwundet am linken Arm, hob den rechten und versuchte zu schießen. Albert gab ihm einen Tritt, daß die Pistole wegklirrte, und erschoß ihn. Das Blut netzte den Boden. Rostigbraun war es und rot wie aus Farbkesseln an den Wänden emporgespritzt. Jak schwang wieder in seltsamen Nebeln. ... Das ist das Ende. So ist das Ende, so hat es sein sollen. Ruhig, ganz ruhig! Dort ist der Treppenabsatz, dort ist deine Aufgabe. Es ist eine kleine Aufgabe in dem großen Geschehen, die Republik zu retten, aber sie kostet den Hals.
Er sah einen Turban um die Ecke blinzeln. Sein Träger stellte sich, als glaube er, niemand sei mehr im Gang. Beim nächsten Schritt jagte ihm Jak eine Kugel in den Bauch.[40]

»Was willst du?«sagte einer mit blutüberspritztem Gesicht, in den Händen das Gewehr und einige Handgranaten, »ich hab ihm gesagt, es hat keinen Wert mehr, die Übermacht (der Faschisten,rh) ist zu groß. Es hat wirklich keinen Wert mehr.«
»Keinen Wert?«
»Wir sind doch nur noch fünf Mann, und heute morgen haben wir mit einundzwanzig oben gelegen. Wir waren vollständig abgeschlossen. Es ist kein Essen da und keine Sanitäter mehr, zwei schwerverwundete haben sich erschossen, und ...«[41]

---

[38]Ebenda,S.221
[39]Ebenda,S.110
[40]Ebenda,S.122f
[41]Ebenda,S.125

Er sah auf, als ein Flugzeug mit hellem Heulen niederstürzte. Albert schoß, Jak schoß, aber man sah auch, daß Müller eine Kugel aus dem Flugzeug bekommen haben mußte. Er stürzte nieder, erhob sich noch einmal, griff in die Erde, hatte einen Stein in den Händen und schleuderte ihn gegen das Flugzeug hinauf.[42]

»Sie sind dabei, eine neue Methode auszuprobieren«, erläuterte Albert kühl; »bis jetzt haben sie versucht, an der Front durchzustoßen. Wir haben es ihnen versalzen, und nun versuchen sie, die Moral der Bevölkerung zu brechen, indem sie alles, was sie haben, auf Madrid fallen lassen.« ... Aber da war es, als würden die Bomben aus großen Kesseln über die Stadt geschüttet. Ununterbrochenes Toben zwischen den Häuserzeilen.[43]

Er lag hinter einem leichten Maschinengewehr und schoß. Im Tal unten wurde auf nächste Nähe gekämpft. Er versuchte mit seinem leichten Maschinengewehr den Anmarsch der Faschisten zu sperren. Teilweise wurde mit dem Bajonett, teilweise nur mit Handgranaten gekämpft.[44]

Sie gingen zum nächsten Toten, und der war ohne Gesicht.[45]

Er hatte fast keine Stelle mehr am Leib, aus der es nicht blutete, und sein Gesicht war ein roher Klumpen Fleisch, und sie mußten ihn ins Wasserbad legen, zwei Monate lang, bis er starb. Denn er wollte nicht sterben.[46]

Seltsamerweise haben sie nicht so viele Verluste, wie es während der Bombardierungen den Anschein hatte. Drei Mann hat es vollständig zerrissen. Sie finden nur noch einzelne Körperreste voll Dreck, unkenntlich; schaudernd verscharren sie sie. Zweien hat es den Arm weggerissen, einem das Gesicht zerschlagen, und da sind auch noch einige andere, leichtere Verwundungen.[47]

---

[42]Ebenda,S.217
[43]Ebenda,S.155
[44]Ebenda,S.244
[45]Ebenda,S.186
[46]Ebenda,S.205
[47]Ebenda,S.217

Bombentrichter in Madrid, August 1936 (rh©copy2017)

- Essen, Saufen, Vögeln im Krieg
(*und weil der Mensch ein Mensch ist ...*)

Nach Wochen in Schützengräben am Rande Madrids bekamen sie den ersten Ausgang in die Stadt. ... Die Kameraden saßen, sie tranken Gin. Sie tranken, und ihre Augen blickten, als gehörten sie ihnen nicht.... »*Komm her, mein Junge, erst trinken wir noch einen oder auch zwei, und dann werden wir sehen und nicht nur sehen, sondern du sollst deine Chica bekommen*« »*Wir zahlen alles!*«*Vorübergehend reißt Jak die Brieftasche heraus, schmeißt einige Scheine auf den Tisch und stupft Albert in die Rippen.* »*Heraus mit dem Kies! Alle heraus mit dem Zaster! Geld will die Alte sehen, dann ist alles in Ordnung.*« ... »*Mach doch Musik. Ist alles im Preis inbegriffen, ihr Jungen, Fleisch, Wein, Musik, Schnaps und Mädchen, die ganze Nacht. Wenn ihr morgen in den Graben müßt ...*«[48]

Musik! Gestern lagen sie noch im Graben, und heute liegen die andern drin, und morgen werden wir wieder in den Gräben liegen, und das gedämpfte Paukengewirbel, das Gurren der Trommel und der Trompete silberner Lockruf, sie können nicht vergessen machen, was gestern war und morgen sein wird: Der Graben ... Aber zuvor muß eine Nacht sein und muß sein, als nähme sie nie ein Ende. ... In den Gesichtern der Kameraden spiegeln sich Bratendüfte, silberner Jubelruf der Trompete, das leise Streicheln der Geigen und Mädchen und die Töne des Saxophons. ... Der Wein rumorte mit kleinen spitzen Pfeilen in den Adern und im Gehirn ... und dem süßen Duft des Weins ist um Jak, und der leise Geruch nach Frauenschweiß und Puder ist bei ihm ... Luisa ... Jak ächzte, erhob sich, taumelte auf sie zu, wußte: Es ist nun kein Tropfen Wein mehr in seinem Kopf; der Wein ist im Blut. ... Luisas Leib, der im Bauchtanz kreist; ihre Brüste wippen gleich Vögeln auf schwankenden Ästen.[49]

Im Gegensatz dazu ist Jaks Verhältnis zu Thea zwar ebenfalls durch erotisches Erleben geprägt, es überwiegt jedoch vor der sexuellen Lust und Begierde die Intimität als Bezugspunkt. Luisa hingegen verkörpert als Hure den Körper als Ware, die

---

[48]Ebenda,S.135ff
[49]Ebenda,S.139ff

Überspitzung der Idee der Dekadenz bzw. der Idee, dass der Kapitalismus in letzter Konsequenz den ganzen Menschen versklavt und verdinglicht.

- Lazarettdienst

Monatelang war Jak von einem Hospital ins andere gewandert. Zuletzt hatte er diese seltsamen Blicke der schwer verwundeten nicht mehr ertragen. Es war kein Vorwurf darin, aber er sah Vorwurf. ... „Du bist frontuntauglich und kannst uns draußen nicht helfen" „Ich kann schießen."„Du sollst Lazarettdienst machen; du hast Lazarettbibliotheken einzurichten. Wenn du an die Front gehst, bist du fahnenflüchtig."Ich gehe an die Front." „Insubordination, Feigheit vor dem Feind", tobte Fernando ... Sogleich nach diesem Gespräch hatte Fernando Jak in die Caserna Nacional beordert. Sie war ein Saustall. ... [hier]waren sie auf Eis gelegt.Eines Tages ballerte Jak dem Obergangster (Kommandant der Kaserne,rh) *eine ins Gesicht und erhielt zwei Tage Bunker. Es stank wie in einem Abtritt, es gab kein Licht, die Decken waren verlaust. ... An den folgenden Nachmittagen saß er trübsinnig und vollgepumpt in Bodegas.*[50]

- Heldendiskussion & Heroisierung der Partei

Er war zuletzt bei den Partisanen. Er war einer der Besonnensten und der Tapfersten und der Geschicktesten. Er schien einen besonderen Sinn für Sprengungen zu haben. Er bekam darum den Befehl, eine Eisenbahnstrecke zu sprengen, die bewacht war ... Er hatte schon die Ladung unterlegt, da habe die feindliche Wache sie aufgespürt. Er hatte sechs Handgranaten umhängen. Ein Schuß der feindlichen Wache muß die Sicherung einer Handgranate getroffen haben ... Samuel soll einen Moment lang einem explodierenden Kasten Granaten ähnlich gesehen haben.[51]

Sie werden sagen: Diese Menschen sind freiwillig in den Krieg gegangen, der um die Freiheit eines Volkes und damit um die Freiheit aller Völker geht; sie trugen ihre Knochen und ihre Felle zu Markte,

---
[50]Ebenda,S.172
[51]Ebenda,S.205 (vgl. auch Hemingway, S.272ff; Bredel, S.151ff; Kantorowicz, S.71,105)

dahin, wo mit dem Leben bezahlt wird, sind zurückgekommen und haben auf ihre Stunde gewartet. Sie haben gewartet in den Gefängnissen, den Konzentrationslagern und den Verbannungen der Welt, unerschütterlich, und waren nicht unterzukriegen. ... denn es kommt sehr darauf an, für wen man Held ist. „einmal war ich besonders tapfer. ... über mir ein Schwarm Bomber, der seine Eier fallen ließ. Man sah die Eier erst blitzen, hörte sie dann zischen, ehe sie fielen und hörte sogar den Wind, und dann schrie ich – schrie ich ..."
"Ich habe damals geschrien, wie ich noch nie in meinem Leben geschrien habe. Die Welt ist mir untergegangen, und als ich wieder zu mir kam, habe ich eine neue Welt gefunden. Ich habe meine Geburt und meinen Tod erlebt. ..." [52]

„Ich bin ein freier Mensch, und darum habe ich mich einmal, es ist lange her, entschlossen, zu kämpfen. Und habe mich verpflichtet, zu kämpfen. Für immer. Ich bin in die Partei eingetreten, weil man keinen Kampf ohne Formation kämpfen kann. Ich bin aus dem Krieg gekommen, aber der Krieg ist noch immer. Gestern war ich an der offenen Front, nun bin ich im Hinterland des Feindes. Ich bin ein Partisan, ein Teil des Gespenstes, und da, wo mich die Partei hinschickt, werde ich hingehen." [53]

„... aber du wirst immer vollbringen, was du zu tun hast." (Thea zu Jak) *„Und darum bist du ein Held, weil du in deiner Stärke schwach bist; aus deiner Schwäche wächst deine Stärke. Das hätte ich dir sagen müssen, als ich noch bei dir war.`... Und auch sie* (Thea) *war ein Held und wußte es nicht, und keine Furcht war in ihr, denn in sich trug sie die Frucht seines und ihres Lebens. Sie wußte auch nicht, daß sie ihr Gesicht wie eine Flamme durch die Straßen trug und leuchtete in der Finsternis jener Tage, in denen nur wenige wußten, daß die Helle schon fern hinterm Horizont stand ...*[54]

---

[52]Ebenda,S.274f
[53]Ebenda,S.300
[54]Ebenda,S.351f

Kommentar

> *... Im Zusammenhang mit Krieg sollte man nicht von Menschlichkeit sprechen. Es gibt Kriege für die Menschheit und Menschlichkeit, aber Kriege selbst sind nie menschlich.*[55]

Diese grundlegenden Aussagen von tragenden Brigadisten (Jak Rohde, Albert Kühne, Fernando, Samuel Fischbein) im antifaschistischen spanischen Krieg scheinen mir bedeutend für den Krieg selbst und für einen Paradigmenwechsel im Denken und Handeln. Dass nämlich Krieg nicht gleich Krieg ist, ein Krieg als solcher niemals menschlich sein kann, aber sehr wohl als Krieg für die *Menschheit und Menschlichkeit* verstanden werden kann. Das sollte wohl über diesen Roman transportiert werden, insofern er sicherlich nicht allein eine dokumentarisch dramatisierte Erzählung sein wollte.

Denn, eindrucksvoll und realistisch für den Leser erzählt der Autor vom tatsächlich ganz und gar unmenschlichen Krieg zur Verteidigung der Spanischen Republik in den Reihen der ‚Brigadas Internacionales'. Als eine Notwendigkeit für die *Menschheit und Menschlichkeit'* in der Abwehr des Faschismus mit der Waffe erlangt dieser auf Seiten der Spanischen Volksarmee einen gerechten Charakter.

Kampfhandlungen beschreibt der Autor in Teilen ohne sprachliche Beschönigung, sodass diese im Detail den Rahmen der Erträglichkeit bei der lesenden Verbildlichung massiv überschreiten. So, dass bei normaler Empfindlichkeit Kopfdruck und Würgegefühl entsteht.

Der auktoriale Erzähler bettet seine sehr sympathischen Erzählpersonen Jak, Juan und Albert in solche Realitäten ein. Wiewohl man wahrscheinlich vermittelt bekommen soll, dass ein Häuser- und Grabenkampf im Krieg sprachlich nicht anders vermittelbar ist, höchstens beschönigend.

Gleichermaßen zeigt er anschaulich Ängste wie Todes-Mut/-Wut der handelnden Internationalisten in der Brutalität des Krieges. Als sozialistischer Held muß das beschriebene Individuum sich allmählich, aber kontinuierlich von allen subjektiv-egoistischen Antrieben und Bindungen emanzipieren (sowohl in materieller, ideologischer als auch in erotischer Hinsicht), um schließlich und endlich aus ganzen Kräften der Sache dienen zu können, was nicht gelingen kann ohne die lebendige und permanente Auseinandersetzung auch mit anderen!

---

[55] Ebenda, S.106

- **Bodo Uhse** (12. März 1904 in Rastatt; † 2. Juli 1963 in Berlin)
  Leutnant Bertram (1944)

> *Der Knechtsdienst tötet, aber gerechter Krieg macht jede Seele lebendig. Das gibt dem Golde die Farbe der Sonne, daß man ins Feuer es wirft! Das, das gibt erst dem Menschen seine ganze Jugend, daß er Fesseln zerreißt! Das rettet ihn allein, daß er sich aufmacht und die Natter zertritt, das kriechende Jahrhundert, das alle schöne Natur im Keime vergiftet!*
> (Friedrich Hölderlin, *Hyperion*)

Nicht ohne Grund stellt Bodo Uhse Hyperions' (Hölderlin[56]) Aussage dem zweiten Teil seines Spanien-Romans voran. In dem selbst handelt es nun, nach Ereignissen und Einstellungen faschistischer Luftwaffenkreise auf einem baltischen Stützpunkt, um die Fronterlebnisse auf beiden Seiten des Spanischen Krieges 1936-1938. Uhse bemüht eben auch die Perspektive der faschistischen Seite am Beispiel eines Lagers der sogenannten 'Legion Condor', indem sich Protagonisten aus dem ersten Romanteil wiedertreffen.

An dieser Stelle soll der erste Teil des Romans keine nähere Beachtung finden, diese bleibt dann zur Beurteilung dem Leser. Handelt es sich hier mehr um ganz personalisierte Beziehungs- und Funktionsgeflechte innerhalb/außerhalb der deutschfaschistischen Luftwaffe und den widerständischen Einflüssen darauf als persönliche Ereignisse.

Salud y Victoria

erscheint als gerechter Schlachtruf der internationalen Verbände zur Wiedereroberung der legitimen Spanischen Republik. Darum geht es seitens der Verteidiger der Republik und eben auch bei den faschistischen Aufständischen mit Unterstützung u.a. durch die 'Legion Condor', die sich gleichermaßen ihren gerechtfertigten Sieg ('Victoria') auf die Fahnen geschrieben hatten. Uhse macht schon gleich anfänglich deutlich, dass er parteiisch die Gerechtigkeit des republikanischen Widerstands vertritt, während ja gerade sein Protagonist 'Leutnant Bertram' Vertreter der Gegenseite ist. In dieser widersprüchlichen Gemengelage überlässt er scheinbar dem Leser das Finden seiner Parteilichkeit, wiewohl natürlich und m.E. berechtigt, die erzählte Tendenz des Romans durchaus auf einen gerechten Krieg gegen den Faschismus schließen lässt.

---

[56] Bodo Uhse, *Leutnant Bertram*, a.a.O.,S.229(Friedrich Hölderlin, *Hyperion*. München-Wien 1993)

So baut er auch seine Figuren auf:
Hein Sommerwand, der kommunistische Gewerkschafter als führender Kommissar inmitten seiner deutschen und spanischen Kampfgefährten innerhalb der Interbrigaden. Sie kämpfen zunächst um Madrid, in der Stadt selbst und an den Ufern des Manzanaras. Die Hauptstadt gilt es als Hauptstadt der Spanischen Republik zu verteidigen, nach Willen der Arbeiter und des spanischen Volkes

> *Als aber die fortgesetzten Stöße die Front vor Madrid in Gefahr brachten, da hatte man die erste Brigade doch rasch in den Westpark geworfen. Die Verteidigung Madrids erfolgte übrigens nicht auf den Beschluß der Regierung (die hatte die Stadt den rebellierenden Generalen überlassen wollen), sondern sie entsprach dem Willen der intelligenten, leidenschaftlichen und tapferen Madrider Arbeiter, dem Willen des spanischen Volkes, das seine Hauptstadt liebte. Es begriff die praktische und symbolische Bedeutung Madrids, dessen Fall den Sieg des Faschismus bedeuten mußte.[57]*

Deutlich hier die Ursachenperspektive des Erzählens, während sie auf der Gegenseite geprägt ist durch Übereinstimmung mit gewolltem Terror gegen das spanisch-republikanische Volk auf Grundlage von militaristischem Befehl-Gehorsam-Prinzip. Die Verantwortung des Einzelnen in dem Krieg wird thematisiert, weil eben nicht Befehl und Gehorsam Grundlage ist, sondern der freie Wille im Kampf um Demokratie und Freiheit.

> *„Dafür bist du nun einmal Kommandeur." ... „So leicht kann man es dir nicht machen," ... „Der Genosse in der vordersten Linie hat den Feind vor sich. Er verteidigt sich gegen ihn, oder greift ihn an. Dabei riskiert er den Tod. Aber er hat wenig Möglichkeiten, sich zu irren. Du bist von anderen Gefahren bedroht. Du kannst irren, du kannst falsche Entscheidungen treffen, aus Unachtsamkeit, aus Trägheit, weil du nicht genügend wachsam bist, weil dein politisches Bewußtsein nachläßt, ... Deine Verantwortlichkeit ist anderer Art, aber sie besteht, nicht nur gegenüber deinen Vorgesetzten, sondern auch gegenüber den Genossen im Graben, gegenüber der Partei und gegenüber dem spanischen Volk ... Dein Leben ist in manchem ungefährlicher, in vielem ist es gefährlicher geworden. Und du weißt, wir werden dich zur Verantwortung ziehen."[58]*

---
[57]Ebenda,S. 258
[58]Ebenda,S.314f

Wiewohl nicht alter Soldatenlieder gefröhnt wurde, in denen es vom Kämpfen und Sterben hieß, sondern hier und heute in optimistischer Sicht ums Kämpfen und Siegen![59] Darin bettet Uhse auch eine Liebesgeschichte zwischen Hein Sommerwand und Irmgard Rubens ein, deren Mann vor Kurzem im Grabenkampf umgekommen war, die gerade auch die dennoch bestehende Zärtlichkeit und Liebe in Zeiten dieses Krieges, d.h. die Menschlichkeit auf Seiten der Kämpfenden demonstrieren soll. Somit ihnen Stärke und Gerechtigkeit ihres Krieges literarisch zuspricht.

Überraschend stand Irmgard vor Hein. Hinter ihrem Kopf leuchtete die bunte Glasscheibe gelb, rot und blau, warf farbiges Licht in ihr Haar. Sonst war es schon fast dunkel, und Hein stand etwas verlegen auf und sagte: „Ich hatte dir doch versprochen, dich einmal zu besuchen."
„Ja", sagte sie, „und ich dachte schon, du hättest es vergessen." Es war eine große Freude für ihn, daß sie ihn erwartete, daß sie an ihn gedacht hatte, daß sie ihn vielleicht herbeigewünscht hatte, war wunderbar."[60]

Gleichzeitig das Erlebnis mit verlorener Literatur in diesem Krieg und die berechtigte Sehnsucht danach.

„Aber sieh dir die Bücher an, das bin ich." ... Diese Begegnung mit den Büchern war das zweite freudige Erlebnis an diesem Abend. Hein fuhr mit der Hand über die Bücherrücken. Er holte einen Band Heine heraus und las ein Gedicht ... griff nach Tschechows Erzählungen ... Wie hatte er nur so lange ohne Bücher leben können! Irmgard lachte über den Berg, den er auf dem Tisch aufgehäuft hatte.[61]

Es ist der eigene Wille, das spanische Volk im Kampf gegen die faschistischen Franquisten zu unterstützen, es ist aber natürlich auch ein großes persönliches Opfer. Wenn auch manche Heroisierung über die Aufgaben der 'Partei' und der Brigaden darüber gedeckt erscheinen. Es bleiben die berechtigten Wünsche, die Bedürfnisse nach Kultur und Kunst, nach wohlschmeckendem Essen und guten Betten. So eben auch die Erinnerungen an wirklich wertvolle Autoren und ihrer wertgeschätzten Literatur, die ruhige Muße, lesend und nachdenkend zu genießen.

---
[59] Hymne der Interbrigaden, in der es hieß: *zu kämpfen und siegen für dich-Freiheit.*vgl. S. 318
[60] Ebenda, S. 351
[61] Ebenda

Der Krieg fordert Kräfte, die solches notwendig (?) temporär verschütten.

- Guernica/Gernika (baskisch):

Tausende waren über seinem Grabhügel (†Leutnant Zawilski,rh) gefallen, Greise und Männer, Frauen und Kinder. Esel und Schafe und Schweine und Hühner waren zerrissen worden. Aber Tausende Verwundete, Säuglinge darunter und schwangere Frauen, wanden sich auf Strohsäcken in den Nothospitälern und klagten ihre Schmerzen und riefen ihren Gott an: „Und vergib unseren Feinden." Der Ort Guernica, der sich gerühmt hatte, seit eintausend Jahren in dieser Welt zu stehen, war mit seinen Häusern und Kirchen und Gärten in einen Haufen stinkender Asche verwandelt worden."

Pablo Picasso(rh©copy2017)

> *„Mit Schrecken, mit wirklichem Schuldbewußtsein hörte Bertram diesen Namen. Er weckte in ihm Bilder, die er bisher stets gewaltsam aus seiner Erinnerung verdrängt hatte. Jetzt aber standen sie mit anklagender Lebendigkeit vor ihm, die Bilder von Guernica , die er gesehen, als er so tief auf die Trümmer der Stadt heruntergestoßen war, daß er den süßlichen, ekelhaften Rauch geschmeckt hatte, der aus ihnen aufgestiegen war. Bertram blickte auf seine Hände, die er über dem zitternden Knie gefaltet hatte, und seine Angst war groß.*[62]

So stellt sich nun die Sichtweise des Protagonisten 'Leutnant Bertram' dar, der vordem an der Auslöschung Guernicas mit seinem Flugzeug als verantwortlicher Pilot mitgewirkt hatte. Ob es eine echte Läuterung ist, lässt der Autor offen. Jedenfalls aus den Augen der kämpfenden Brigadisten erscheint diese, wenn überhaupt, zu spät, denn er habe nichts getan als es zu tun Zeit war, um dieses Massaker am spanischen Volk zu verhindern. Ein klarer verstehbarer Standpunkt, der das nicht vergeben kann und will.[63] Und zudem der Autor im Roman selbst an verschiedenen Stellen die eigentlich wirkliche Haltung des Leutnants verdeutlicht.[64] Dem aber die widerständisch-kämpferische entgegen gesetzt wird und weiterhin werden wird:

> *Wir werden es nicht zulassen. Solange wir sind, werdet ihr keine Ruhe haben. Und wir werden keine Ruhe geben, bevor wir nicht fertig sind mit euch, mit euch allen, mit jedem einzelnen von euch!*[65]

An anderer Stelle wird eindrucksvoll durchs Wort verbildlicht, wie der faschistische Apparat, ganz den Aussagen Hein Sommerwands entsprechend[66] agiert, der sogar individuellen Terror begünstigt. Ein ehemaliger kooperierender spanischer Pilot (Capitán Cisneros), der mit seiner Maschine die Bombardements auf Madrid auf den Seiten der 'Legion Condor' mitgeflogen hatte, wird wegen vermuteter Konspiration misshandelt und schließlich von einem Kommando unter den Augen seiner faschistischen Kameraden erschossen. Der hatte auch zu spät den Terror erkannt, nachdem bei den Bombardements seine Frau und eine Tochter umge-

---
[62] Ebenda, S.473
[63] Vgl. dazu *Leutnant Bertram*, a.a.O., S. 475: *Du warst dabei. Natürlich warst du dabei. Da habt ihr aus Deutschland ein Konzentrationslager gemacht, einen Friedhof, eine Räuberhöhle. ... Und was ihr dort gelernt habt, das wollt ihr jetzt über die Welt tragen. Ein Zuchthaus soll sie werden. Das wollt ihr. Das ist der Sinn eures Krieges*
[64] Vgl. Uhse,a.a.O.,Kap. VI, zweiter Teil
[65] Ebenda, S.475
[66] Vgl. Anm. 63

kommen waren.

Sie alle, ohne Ausnahme, auch Bertram, der ihm das Leben gerettet hatte, auch Zawilski, der ihm helfen wollte. Sie waren seine Feinde, sie waren die Mörder seines Kindes, sie waren die Feinde seines Volkes. ...
Auf ein Kommando des Sevillaners traten fünf Soldaten heran.

„Viva la República!"
rief Cisneros.
„Viva"

Sie schossen, ohne auf den Befehl zu warten. Es war keine Salve, jeder Schuß knallte einzeln.[67]

---

[67] Ebenda, S.386

Kommentar

Auch wenn gerade die zuletzt zitierte Stelle literarisch pathetisch überhoben erscheint, sodass es den heutigen Leser befremden mag, umso mehr gilt es hervorzuheben, dass hier Erlebtes in literarische Formen gegossen wurde. Also authentisch ist. Gleichwohl tatsächlich harte Kost, gerade auch dann, wenn im gleichen Zuge ‚frischer Kaffee' bereit gehalten wird, wiewohl Leutnant Bertram sich angesichts dessen zwar darüber eine Tagebuchnotiz macht und sich mit gewissem Entsetzten schüttelt, aber ansonsten er *ins Bett (kroch) und schlief.*[68] Solche Schreibweise entspricht dem Duktus des gesamten Romans. Menschliche, unmenschliche Regungen stehen beieinander, ob Verbündeter oder Feind des spanischen Volkes, beidseitig zeigen sich typische Verhalten in untypischen Situationen, mit denen die jeweiligen Menschen gezeigt werden. Gewisse Sympathien scheinen auch für die Feinde nicht ausgeschlossen, weil eben Menschen handeln. Doch die Frage des berechtigten Widerstandskrieges auf Seiten der spanischen Volksarmee und ihrer verbündeten Interbrigaden wird eineindeutig gezeigt. Die Parteilichkeit für das spanische Volk und seine Republik gegen die massenmordenden faschistischen Militärs in ihrer Unterstützung für die einzurichtende Diktatur Francos deutlich les- und verstehbar. Gleichermaßen bietet der Roman die geschriebene Grundlage, um beispielsweise andere Literatur aus dem spanischen Bürgerkrieg heranzuziehen[69] und deutlich dem ein Gesicht zu geben anhand der Fotos von Gerda Taro und Robert Capa.[70]

---

[68]Ebenda,S.386f
[69]Vgl. Willi Bredel 'Ebro'; Eduard Claudius 'Grüne Oliven'; Alfred Kantorowicz 'Tagebuch'
[70]Vgl. Kap. IV. (Taro & Capa)

Notizen

- **Gustav Regler.**(25. Mai 1898 in Merzig; † 14. Januar 1963 in Neu-Delhi)
Das große Beispiel. Roman einer Internationalen Brigade (Köln 1976/1940)

Durchgehend ist es eine Geschichte einer dauernden Freundschaft zwischen dem Arzt 'Werner' und dem Kriegskommissar 'Albert' im Inferno des Spanischen Krieges. Unschwer ist in letzterem das biografische Alter Ego des Autors Regler erkennbar.
Was sie einte, was sie so lange aushalten ließ, das war der unbedingte Glaube, in einem Freiheitskampf auf der richtigen Seite zu stehen: der Arzt und der Arbeiter, der Schriftsteller und der Bauer, alle, die Regler aus der Nähe beschreibt, kämpfen mit der übereinstimmenden Gewißheit, in Spanien das Prinzip Freiheit zu verteidigen; - *Unsere Heimat ist Madrid.* Locker und ein bißchen zufällig - hierin liegt eine Entsprechung zur ganzen Struktur dieses Buches - deutet der Autor einige Biographien von Männern an, die es geradezu zwangsläufig in die Internationalen Brigaden führte. Einfach, weil sie hier ihrem Leben einen *Sinn* geben konnten. Diese geglückte Suche nach dem *Sinn* erklärt wohl den mitunter heroischen Ton, in dem Regler Kriegsbilder beschreibt: in der *Musik der Splitter* bewährt sich internationale Kameradschaft, in den *Bombengewittern der Nacht* entsteht Siegeszuversicht. Die Ereignisse des Krieges,- Bombardements, nächtliche Angriffe, Stellungskämpfe, Besprechungen in Hauptquartieren und Gefechtsstellungen -,beherrschen noch in Gänze den Autor Regler. Das zu präzisieren, bedarf es einiger beispielhafter Themenschwerpunkte:

- bedingungsloser antischastischer Kampf der Interbrigaden um Freiheit:

Sie waren fast ohne Waffen, aber sie hätten nicht gezögert, gegen die Kasernen der Rebellen mit bloßen Fäusten vorzugehen. Freiheit ist notwendiger als Leben. Die Werktätigen zeigten mehr Würde und mehr Hingabe an die Nation, als ganz Europa in den wenigen letzten Jahren aufzubringen in der Lage war. Mit wachsender Besorgnis verfolgte Albert das immer nähere Vorrücken der Rebellen auf Madrid, während die tapferen Milizsoldaten in ihren Gräben von deutschen Flugzeugen niedergemäht wurden.[71]

---

[71] Gustav Regler, *Das große Beispiel.*S. 37f

Ein Mann mit angegrautem Haar lag auf ihr (einer Bahre,rh). *Seine Hände hielt er hinter dem Kopf gefaltet. Seine Augen gingen unruhig in den Himmel. Unten rutschte jetzt die Decke beiseite. Albert sah die blutigen, schon abgebundenen Stümpfe der Unterschenkel, die Füße fehlten, der Schnitt der Granate war total gewesen. Albert wunderte sich,daß der Mann nicht klagte, sie mußten ihm schon eine Spritze gegeben haben. Die Wunden waren in hellem Rot. Albert zog eilig die Decke über das rohe Fleisch und leitete die Träger ohne Umweg zur Ambulanz.*[72]

In diesen beiden Passagen verdeutlichen sich wichtige Merkmalsträger des Romans. Er ist einer über die XII. Internationale Brigade im Kampf gegen antirepublikanische faschistische Rebellen und er ist einer voll aufopferungsvollem Kampfeinsatz mit dem Leben, wie der realistischen Schilderung vom Krieg und von den Opfern. Auch hier wird immer wieder anhand von Aussagen und Handlungen verdeutlicht, wie in den anderen Romanen und Erzählungen über den Spanienkrieg, dass der persönliche Einsatz nicht einer Kriegsbefürwortung dient, sondern der Notwendigkeit in der Verteidigung freiheitlicher und demokratischer Errungenschaften für das spanische Volk.

- Krieg und Natur:

Albert fühlte sich umgeben von dieser Fröhlichkeit wie von einem warmen Schein. Sie fuhren an vollen Feldern entlang. Sonnenblumen hielten ihre braunen, goldgezackten Räder zum Licht des Nachmittags hinauf. Ein Granatapfelbaum streute brennendrote Früchte über den Weg, der jetzt geradeaus nach Huesca lief.[73]

... eine Granate sang aus der Stadt herbei, zog über ihn, schlug weit hinter dem Wagen ein. In der Ferne schimmerte der goldene Glanz der Sonne. Alberts Augen verschleierten sich, er löste die Hände von dem Wagen und stürzte kopfüber in die dichten Gräser des Straßengrabens.[74]

---

[72]Ebenda,S.71
[73]Ebenda,S.394
[74]Ebenda,S.398

Wenn ihn die Trauer plötzlich zu müde machte, ging er vor die Baracke, wo der Bach vorbeifloß und der Schein der Sterne sich im Wasser auflöste in weißen Locken.[75]

"Vater, ich könnte auch das Wasser
schöpfen in die Felder der Patatas,
könnte den Maulesel führen hinter dem Pflug im Weinberg,
könnte die Steine sammeln von den Terrassen,
aber jetzt bin ich im Krieg. ...
Vater, wozu bin ich im Krieg? Weil die Faschisten Spanien überfallen haben und wir müssen sie töten, die Faschisten."[76]

In der Luft waren die gemischten Geräusche der heftig entbrannten Schlacht. Die Sonne brannte auf dem Dach der Baracke und glühte aus den Mauern des Bergdorfes, das sich über das kleine Bachtal grelleuchtend emporhob.[77]

Es erscheint nahezu unvermittelbar, dass angesichts solch vorfindbarer Naturgegebenheiten diese selbst mit einem so alles vernichtenden Krieg überzogen wird. Die Natur produziert und prosperiert nachwievor nach ihren Gesetzmäßigkeiten ungeachtet der Umstände. Dennoch, in ihr findet dieser Krieg statt. Die Menschen vernichten sich und ihre umgebende Natur. Der spanische Bauernsohn lebt in und von ihr, wird aber um Arbeit und Ertrag gebracht wegen der Notwendigkeit des Freiheitskrieges. Regler vermittelt diesen Widerspruch literarisch-dramatisch, empathisch, parteiliche Betroffenheit erzeugend. Stets auf Seiten des spanischen Volkes in der Ursache und der beherrschenden Notwendigkeit, dass dieser Verteidigungskrieg ein notwendiger ist, der, und nur der die Lage des spanischen Volkes hin zur Republik entwickeln wird können.Gleiches gilt für die Freunde, Genossen, Kameraden der Interbrigaden, - während die Natur stabil erscheint, die Kämpfenden aber zunehmend am Ende ihrer Kräfte und Säfte.

---

[75]Ebenda
[76]Ebenda,S.399 (Strophe aus einem Flamenco)
[77]Ebenda,S.402

- Widersprüche und Resignation können lähmen:
(innere Demobilisierungen; Leid und Elend auf dem »konfusen Schlachtfeld«)

> *Plötzlich zog eine Schützenkette vorbei ins Tal; sie kam von der Front. Die Soldaten hatten die Gewehre lässig über die Schulter gehangen; sie stiegen stumm ins Tal, ihre Gesichter waren mürrisch. Werner ließ zehn Mann vorüber gehen, dann fragte er einen, wohin sie gingen. "Das geht dich nichts an."*
> *sagte der Soldat und trottete weiter. Werner gab sich nicht zufrieden; er fragte einen anderen. "Wir haben genug; drei Tote und fünf Verwundete", erwiderte der Mann und ging den anderen nach.*
> *Albert und Werner ließen die ganze Reihe vorbeiziehen; sie wagten keinen mehr anzureden; sie sahen auf die grauen Gesichter, auf die nassen Decken, die zerknüllt auf den Schultern der Soldaten hingen, die leeren Patronentaschen, die aufgeplatzt waren wie Wunden.*[78]

> *Ich würde sie alle am liebsten ins Bett stecken. Hauptsache, daß sie noch zwei Tage aushalten. Aber auch wenn sie's nicht tun – sagt das was gegen sie?* (dachte Werner, der Arzt. rh)[79]

> *Wieder sah man ganze Gruppen hinter den lockeren grauen Wänden nach hinten schleichen.*[80]

> *Boursier* (franz. Kommandant, Metallarbeiter aus Marseille) *aber rief und seine stahlgrauen Augen funkelten böse: "Was mich betrifft, so hätte ich ihn (sie) hier auf der Stelle füsiliert."*[81]

> *"Ich gebe dir Ziffern", ... "Kurz nach dem Beziehen der Stellung gingen zwölf zur Feldambulanz zurück. Das war gestern. Erkältet wie wir alle." ... "Abends gingen wieder siebzehn. Mit der gleichen Krankheit." ... "...heute mit dreißig anderen Kranken." ... "So war es bis fünf" ... "um halb sechs ... Komissar, es waren schon fünzig!"*[82]

---

[78] Ebenda, S.200
[79] Ebenda
[80] Ebenda, S.201
[81] Ebenda
[82] Ebenda, S.202

"Im Übrigen sind alle einig. Alle, auch die heute husteten und humpelten, haben begriffen: wer in der Schlacht seinen Posten verläßt, ist ein Schwächling: wer sich nicht belehren läßt, ist ein Deserteur; und wer die schwachen Augenblicke ausnützt, um eine Armee noch schwächer zu machen, ist ein Verräter. Das ist, was ich (Boumann, ein französischer Arbeiterbrigadist,rh) *denke."*
Die Schlacht dauerte noch drei Tage (nördlich Las Rozas u. westlich von Majadahonda,rh). ... *Die Sanitäter liefen wie verirrte Hunde in den Linien herum; man wies sie nach einen Baum, wo ein Verwundeter geschrien haben sollte ... und stießen mit den Stiefeln an einen Toten, der noch warm an der Stirn war und eben in eine ziellose Kugel hineingegangen und still hingefallen war.*[83]

Hier, wie auch im gesamten Verlauf erzählt Regler offen und unumwunden von den wirklichen Umständen, in die Brigadesoldaten zum Kämpfen sich verpflichtet hatten. Trotz der Mutigkeit und dem starken Willen zerbrachen sie auf den tatsächlichen Schlachtfeldern bis hin zu massiven Dersertionen, begründet aus der Not.Angst und wahrscheinlich ungeahnte unmenschliche Natur- und Kriegszustände gerade in den Wintermonaten Januar/Februar 1937 machten aus den freiwilligen Soldaten die *Verzweiflung der gequälten Kreatur*[84].
In diesen Kontexten entwickelten sich Widersprüche im Denken und Handeln, was gut und/oder nötig sei im gemeinsamen Kampf um die Spanische Republik. Die einen, wie der Arzt Werner und der Schriftsteller-Kommissar Albert erwägen Ruhepausen und Erholung für die geschundenen Soldaten, während andere, wie der französische Arbeiter-Kommandant und der Arbeiter-Soldat desertierende Freiheitskämpfer (*man gibt nicht auf vor dem Feind*) *direkt füsilieren*, bzw. durch *revolutionäre Justiz*[85] richten würden. Wie sich natürlich damit auch die Fragestellungen auftun, ob es sich bei Einhaltung solcher Prinzipien noch um solche der überkommenen Monarchie oder der bourgeoisen Gesellschaft oder ob es sich um proletarisch-revolutionäre Fehlleitungen handele.

---

[83]Ebenda,S.204 (vgl. auch dazu ergänzend: *Aber in dieser Nacht begleitete die Männer ein ganz neues Geräusch. ... wieder das Husten und Stöhnen der fiebrigen Männer aus allen weißverschleierten Gräben.* S.206f.)
[84]Ebenda,S.207
[85]Vgl. Ebenda,S. 203. Gleiche Auffassungen, die ja auch dem Prinzip *Befehl und Gehorsam* inhärent sind, finden sich in Eduard Claudius' Roman *Grüne Oliven und nackte Berge*, worin auch Arbeiter-Kommandanten wie der Protagonist Jak Rohde dem folgen und bei Begegnung mit Deserteuren ebengleich an direkte Erschießungen denken lässt.(a.a.O.,S.237ff.) Diese allerdings dann doch nicht durchsetzt, weil es zwar strikter Disziplin und des Gehorsams bedarf, aber schließlich man einer gemeinsamen Sache frei und solidarisch diene (.a.a.O.,S.218)

- Die sogenannten 'Moskauer Prozesse' (hier »*Verschwörungsprozesse*«)

Erschwert wird der ideologische Halt des kommunistischen Protagonisten Albert als Intellektueller hinsichtlich des sogenannten zweiten Moskauer Prozesses im Januar/Februar 1937.
Betroffen waren u.a. solche führenden Genossen aus der Oktoberrevolution 1917 wie Pjatakow, Sokolnikow, Muralow, Serebrjakow sowie der deutsche Kommunist Karl Radek, deren Loyalität und Einsatz für den sozialistischen Aufbau der Sowjetunion bislang nach Auffassung des Autor-Alter Ego unbestreitbar schien. Diese Nachrichten erreichten bestimmte Führungsebenen während der heftigen Kämpfe gerade an der Jamara-Front, wobei sie die Freiheitskämpfer auf unterer Ebene, - sozusagen in den Schützengräben - , nicht erreichten und auch nicht erreichen sollten, um Demoralisierung und Demobilisierung unter den starken kommunistischen wie anarchistischen Einheiten zu verhindern.

"In Moskau sind Prozesse gegen Leute, die noch vor einem halben Jahr begeisterte Artikel für Spanien geschrieben haben. Ich glaube, wir haben gar keinen Grund mehr zur Leichtgläubigkeit."[86]

Er aber (Albert,rh) *war wirklich nicht fest, er war auch kein Kriegskommissar in diesem Augenblick, er war ein angestoßener, hilfloser Intellektueller, ein Schriftsteller, der das neue Rußland liebte und es plötzlich nicht mehr verstand. Er konnte aber nicht anders denken, als daß das republikanische Spanien, jenes Rußland und seine Brigade eine Einheit darstellten und immer bleiben mußten. Verrat dort drüben war auch Verrat in seiner Brigade. Woher kam er? Und mußte man so darauf reagieren?*[87]

Und wie beängstigend ist die Sprache der Anklage! Macht ihr euch es nicht zu leicht damit? ... Er hörte die Anklagen wieder:
"Tolle Hunde",sagten sie,"muß man erschießen".
"Giftige Schlangen", sagten sie,"muß man zertreten".
"Doppelzungen",sagten sie,"muß man ausreißen".
Alle Bilder waren korrekt, alle waren aber auch bequem. Jeder konnte sie nachreden, ohne sich etwas dabei denken zu müssen. Aber ging es hier nicht um mehr. Konnte man nicht ohne Bilder auskommen und

---

[86]Ebenda,S.178
[87]Ebenda,S.179

lieber die Wahrheit sagen: wie aus Skeptikern Defätisten wurden, wie Männer aus Krisen immer wieder die Visionen von Niederlagen herauszauberten,wie hier Große fielen, weil sie nicht Kraft genug hatten für das grausame und schwere Jahrhundert.[88]

Regler lässt hier neben dem Russen Mischka sein Alter Ego Albert als verantwortlichen Kriegskommissar in einem inneren Monolog einen Diskurs führen über möglichen Sinn, über Unverständnis und Schädlichkeit der Moskauer Prozesse[89] gegen bislang aufrechte Parteikommunisten. Ihm unverständlich wegen des Angriffs gegen parteitreue Genossen, wegen der verletzenden Methodik und in der Sache sehr befremdenden Sprachgebrauchs. Schädlich für die internationale und gemeinsame Sache im Kampf gegen Faschismus, hier respektive im Kampf um die Spanische Republik an der Seite des spanischen Volkes.

Wenn es Verrat oder die Partei und den sozialistischen Staat schädigendes Verhalten gegeben haben sollte, so, - lässt Regler Albert sinnieren - , diene eine solche Vorgehensweise keinesfalls der Wahrheitsfindung. Und nicht der könne als 'Verschwörer' gelten, der beispielsweise einen Roman über Verschwörer schreibe, und dem man dann das 'Einschmuggeln' solcher Gedanken als 'Verschwörung' vorwerfe. Solche Methodik benennt das Alter Ego Albert als Goebbels- und Polizeimanier, als schädliche *Zöllnerphilosophie*.

---

[88]Ebenda,S.180
[89]Vgl. dazu: Lion Feuchtwanger, *Moskau 1937. Ein Reisebericht für meine Freunde.*Berlin 1993. S.86-105

Kommentar

Es drängt sich das Gefühl auf, daß das Ereignis des Befreiungskrieges - nächtliche Angriffe, Besprechungen in Hauptquartieren und Gefechtsstellungen - den Autor Regler noch derart beherrscht, daß ihm an der Organisation des Materials offenbar nicht allzuviel gelegen ist. Verschwommen, unausgeführt wirken manche Aktionen, mindestens in ihrer Darstellung. Etliche der handelnden Personen - für welch ein Drama könnten sie zeugen! - haben eine merkwürdige Unschärfe. Und was den Krieg unmittelbar angeht: vor lauter unbegründetem Bildwechsel ist man als Leser oft kaum im Bilde über Bewegungen und Ziele, über begrenzte Siege und Niederlagen.
Dennoch haben wir hier ein Dokument als Romanerzählung vorliegen, das als Gesamtensemble innerhalb einer Rahmenhandlung realistisch-militärische und zugleich menschlich-emotionale Seinszustände und Handlungszusammenhänge ergiebig ausbreitet. Für interessierte Leser öffnen sich Zugänge zu Situationen, die in der Geschichte des Kapitalismus/Imperialismus im 20.Jahrhundert als einzigartig bezeichnet werden können. Ein revolutionärer Vorgang in einem Land, an dem international organisierte Menschen unterschiedlicher Schichten und politisch-ideologischer Couleur innerhalb der Internationalen Brigaden zusammen für eine Sache kämpften, nämlich die Erhaltung und Stabilisierung der mehrheitlich gewählten Spanischen Republik als zukünftige Staatsform gegen Monarchie und Faschismus. Das versteht Regler durchaus als Gesamtbild literarisch-dramatisch zu vermitteln. Auch wenn an manchen Stellen es notwendig erscheint, zu näherer Klärung nachzuschlagen und kritisch zu überprüfen.
Besonders dann, wenn durchaus richtigerweise Widersprüche aufgezeigt werden und wenn Demobilisierung und Resignation in den Gedanken seines Alter Ego übergewichtig erscheinen. Auch bezogen auf die aufgeworfenen Fragen zur Struktur der Brigaden, die oft im Lichte ungleichen Verhältnisses zwischen Basis und Führung dargestellt erscheinen. Erinnernd an das des eigentlich militaristischen Prinzips von Befehl und Gehorsam!

- **Hermann Kesten** (28.Januar 1900 in Podwołoczyska, Galizien; † 3.Mai 1996 Basel)
  Die Kinder von Gernika (Amsterdam 1939)

Im Exil-Verlag Allert de Lange, Amsterdam, als dessen Lektor Kesten tätig war, erscheint 1939 *Die Kinder von Gernika*. Er selbst hatte sich nicht als Interbrigadist im Spanischen Volkskrieg beteiligt,lebte aber nach seiner Flucht aus Deutschland in Frankreich, wo er 1939 bei Kriegsausbruch als *'feindlicher Ausländer'* interniert worden war. Die Rahmenhandlung spielt in Paris, wohin der junge Protagonist Carlos Espinosa geflüchtet ist und wo er auf den Ich-Erzähler trifft, dem er seine Familien- und Fluchtgeschichte erzählt. Er ist 15 Jahre alt aus Gernika im spanischen Baskenland (Euzkadi) kommend. Nach deren Totalbombardement durch die Luftwaffe der deutschen sog. 'Legion Condor' am 26. April 1937 hatte er nach dem Verlust des Vaters und zweier Schwestern seine Familie verloren.

> *...Aber da schrien Hunderte im Feld, der Himmel donnerte wieder, die Flieger kehrten mit frischen Bomben zurück, von neuem Explosionen ... So ein Flieger verschmäht nichts. Sie schwärmten über alle Felder aus, in Reihen kamen sie herunter, ordentlich wie sie es gelernt. ... Sie beschossen die Straßen rund um Gernika, sie verwundeten Hunde und Bäume. ... Die Flieger schossen mit Maschinengewehren. Das Volk warf sich mit dem Antlitz auf die Erde,gleich Betern.Sie umarmten die Bäume. Sie krochen in Höhlen. ... So kamen die Flieger. So gingen sie. So kehrten sie wieder. ... Gernika brannte zu Asche. Zu Asche brannte sein Volk. Da saßen sie am Rand der Straßen wie Wahnsinnige und hielten sich mit den Fäusten Ohren und Augen abwechselnd zu, um nicht zu sehn, um nicht zu hören. Blind und taub wollten sie sterben. Noch unversehrt, waren sie schon wie Asche. Die Entronnenen rannten zurück. Der suchte seine Frau und heulte, weil er sie nicht fand. Der fand sie und heulte, weil sie in Stücken lag. Aus der sichern Rettung liefen sie in den sichern Tod. Sie starben im Feld und im Keller. Sie verbrannten zwischen vier Wänden und zwischen den grünen Maiskolben.*[90]

Mit einem Kindertransport war Carlos dann nach Frankreich gekommen. In Paris lebte der Junge zwar wohlbehütet bei Adoptiveltern, doch er denkt ständig an seine Heimat zurück. Er sucht Trost und Erklärungen für sein Schicksal und bittet einen deutschen Emigranten, den Ich-Erzähler und Freund seiner neuen Eltern, um Gehör

---
[90] Hermann Kesten, *Die Kinder von Gernika*. Leipzig 1985. S. 94ff

und Hilfe.
Ausführlich erzählt das Kind die tragischen, bisweilen komischen Erlebnisse seiner Familie, die unfreiwillig und unbeabsichtigt zwischen die politischen Fronten geraten war. Obwohl die Kinder vom geliebten Vater Antonio Espinosa auf den Pazifismus eingeschworen waren, wird sein Bruder José bei einer Rettungsaktion der Schwester vor der sexuellen Gewalttätigkeit eines Dorffaschisten zum Mörder. Kesten vermittelt durchaus die Gerechtfertigung seiner Tat.
Der Bürgerkrieg hier im nordspanischen Baskenland erwächst immer mehr zum Opferkrieg der Bevölkerung, grausamer und unberechenbarer. Drohend von den faschistischen Aufständischen mit Hilfe der Deutschen und Italiener überrannt oder/und vernichtet zu werden. So gibt der Vater seine Apotheke auf und entscheidet sich mit und für die Familie zur Flucht über die Biscaya nach Frankreich. Dabei stirbt er im Bombenhagel deutscher Jagdflieger. Dem Onkel Pablo, einem lebenslustigen Taugenichts, gelingt gemeinsam mit Carlos` Mutter und zweier ihrer Kinder die Flucht aus Spanien.
In Frankreich finden die Überlebenden der Familie wieder zusammen, aber Carlos hasst diesen Onkel und auch seine Mutter, weil sie ihn in Gernika nach dem Bombenhagel zurückgelassen hatten, um sich selbst zu retten, und weil seine Mutter nach dem Tod des Vaters nun mit dem Onkel lebte, der vordem ihr Geliebter gewesen war. Bei einem Familien- und Bekanntentreffen verliebt sich Carlos in ein Mädchen. Ihre Zurückweisung treibt den verletzlichen Jungen zu einem Selbstmordversuch. Nach seiner Rettung kehrt er zu seiner Mutter und seinen überlebten Geschwistern zurück.

Die Kinder, neben dem Volk und der Kultur Spaniens, sind die wahren Opfer des Bürgerkriegs

schrieb Hermann Kesten am 31.10.1938 an Ernst Toller.[91]

---

[91] Hermann Kesten, *Deutsche Literatur im Exil.* S.64

Kommentar

Während Ernst Toller praktische Hilfe für die Notleidenden organisierte, andere Literaten als Freiwillige auf der Seite der Internationalen Brigaden am Spanischen Krieg teilnahmen, bezieht Kesten ausschließlich als Literat Stellung. Er will mit seinem Roman die Leser auf die Greuel dieses Krieges aufmerksam machen und sie gleichzeitig zur Anteilnahme am Schicksal der Flüchtlingskinder bewegen. Er macht sich zum Sprachrohr der Schwächsten.

Kestens' Haltung schaut durch, nämlich misstrauisch und ablehnend gegen jede Form der Gewalt zu sein, auch dann, wenn es um einen gerechtfertigten Widerstand geht. Dennoch bleibt auch mit dieser kleinen Erzählung die Anklage gegen die fa-schistische Gewalt und Unterdrückung gegenüber der demokratisch rechtmäßig gewählten Republik lesbar. Insofern die Parteilichkeit für die Volksleiden in diesem Krieg. Und für diejenigen, die erzwungen durch die faschiste Militärmaschine Widerstand erzeugen, die durchaus auf der richtigen Seite stehen. Aber, seine Protagonisten, wie sich selbst, sieht er aus der Perspektive der betroffen Leidenden, des Menschen überhaupt, auf diesem Prüffeld unmenschlicher Geschichte, denn aus der Perspektive der Kämpfenden.

Jedenfalls bildet es für die Lesenden noch 80 Jahre nach Guernica ein Angebot, in die Auseinandersetzung mit dieser Zeit einzutreten, ein Angebot, sich an solcherart künstlerischer Abbildung ein Urteil zu angemessenen Haltungen in und zu dieser Zeit zu bilden.

Guernica (Gernika), 26.April 1937 (rh©copy2017)

- **Alfred Kurella** (2.Mai 1895 in Brieg, Provinz Schlesien; † 12.Juni 1975 in Berlin)
Wo liegt Madrid? (Kiew 1939 u. Berlin 1956)

Hier handelt es sich um eine kleine Erzählung, die nach dem Ende des spanischen Krieges 1939 in Moskau entstanden ist und dessen Verfasser Alfred Kurella selbst nicht aktiv am Widerstandskampf teilgenommen hatte. Doch als Beobachter und einer grundsätzlichen parteilichen Haltung zur Notwendigkeit des Kampfes um die Republik. Das ist in seinem Vorwort dokumentiert:

> *Geschichte wird nicht nur an Hand von Heeresberichten, Lageskizzen und Verlustlisten geschrieben – auch die künstlerische Phantasie schreibt Geschichte. Neben der Wahrheit der „Fakten" kann die Wahrheit des Herzens sehr wohl bestehen. Nicht nur in der Kunst. Und wenn das Madrid, von dem in den folgenden Blättern die Rede ist, nicht ganz dem entspricht, was unsere Spanienkämpfer in der politisch und geographisch konkret bestimmten Hauptstadt der spanischen Republik kennengelernt haben, ... (so ist es doch) jenes Madrid, das ... auch mir am Herzen lag und liegt.*[92]

Ganz nach dem Auftrag Ludwig Renns' auf dem Schriftstellerkongress 1937 in Madrid und Valencia deutet sich Kurellas' Vorhaben. Er realisierte sieben Geschichten in diesem kleinen Bändchen. Alle beschäftigen sich mit persönlichen Schicksalen während des Krieges und als Rückkehrer aus dem Krieg. Alle beziehen in ihrem Erzählen deutlich Partei für die unterdrückten Menschen in Spanien, Deutschland und der Tschechoslowakei, wobei in letzteren beiden deutlich die Machtübernahme durch die Nazis als 'Neue Herren' thematisiert ist, während die westlichen Großmächte England und Frankreich im Münchner Abkommen von 1938 das Sudetenland ihnen überlassen und damit die Annexion mit Hilfe der von Konrad Henlein ('Henleinleute') geführten Sudetendeutschen Partei zielführend vorbereitet wird.

Andere Geschichten handeln vom spanischen Lokomotivführer Eustachio, der einen Munitionszug zu lenken gezwungen wird, wie vom Panzerkanonier Miguel Zorilla, der letztlich als *bolschewistischer Aufrührer, Panzersoldat Unbekannt* zum Tode verurteilt wird. Letztlich aber als erkannter spanischer Soldat der Republik hinterrücks ermordet wird. Auch Sabotageakte von deutschen Arbeitern in Munitionsfabriken werden erzählt, wobei die deutsche Zigarette Juno aus Köln Nippes eine tragische Rolle spielt.

---

[92] Alfred Kurella, *Wo liegt Madrid?* Kiew 1939;Berlin 1956.S.6

Durchgehend ebenso die Thematik der *Herren* und *Granden*, die immer wieder in der Geschichte über feudalistische Strukturen bis hin zu Gegenwartsgesellschaften in Zeiten des Krieges nur ausgetauscht werden, um die abhängigen Menschen zu unterdrücken. Das Beispiel des sizilianischen Kämpfers Lorenzo Merluzzi, nun auf Seiten der republikanischen Armee, vordem auf der franquistischen, zeigt eindrucksvoll, wie traditionelle Denk- und Verhaltensweisen eine Befreiung von diesen 'Herren' verhindern können, sodass die Parole *A basso il fascismo* nur langsam, mutig und ohne Ängste um sich greifen kann. Neue Führer also brauchen die Menschen, nicht solche wie die Feudalherren, keinen *Duce,* keinen *Generalissimo* und keinen *Führer,* so das Credo der Geschichten.

Kommentar

Bezüglich des fragenden Titels W*o liegt Madrid?* wird in der letzten Geschichte aus dem tschechischen Gebiet für alle anderen die Antwort gültig:
Überall dort, wo Recht zu Unrecht gebeugt wird, wo Herren von gestern die von morgen sind und wo der Faschismus als nationalistische Bewegung vorgibt, für die Völker einzutreten, während einzig politisch-geographische Macht- und Gewaltausübung die Triebfeder seiner Erscheinung darstellen. Das erscheint in den Geschichten, verpackt als subjektive Erzählgeschichten, gut lesbar.
Dennoch hinderlich, dass die Künstlichkeit der Geschichten nachdrücklich erkennbar ist. Die *Wahrheit des Herzens*, wie Kurella selbst formulierte, ist sicher seine eigene unstrittige Motivation. Doch in der Ausführung fehlt tatsächlich die Authentizität, die eine wertvolle Literatur aus dem Spanienkrieg auszeichnen sollte.
Auch weniger erfreulich, dass in den Geschichten über den Lokomotivführer Eustachio und den Panzerkanonier Miguel proletkultig die Personen charakterlich und im Verhalten überhoben erzählt werden, die Sowjetunion als Befreiungsmacht heroisiert ist, wie der Panzerkampf am Beispiel von Schorsch mit der Zigarette ('Juno') im Mundwinkel als scheinbar heldenhafte Leichtigkeit erzählt wird.
Bekannt ist, dass auch seitens sozialistischer Kulturarbeit das kleine Werk sehr umstritten war und ist. Hier ist es enthalten, weil es Teil dieser Literatur ist und der Urteilskraft des Lesers zur Verfügung gestellt sein soll.

- **Walter Gorrish** (22. November 1909 in Barmen;† 19. Januar 1981 in Berlin)
  Um Spaniens Freiheit (Berlin 1946/Köln o.A.)

In Walter Gorrish' (d.i. Walter Kaiser) Roman *Um Spaniens Freiheit* gibt es ebenfalls einen jungen Spanier, Pablo, der sich freudig der Disziplinierung durch die Internationalen Brigaden unterwirft. Am Anfang - Gorrish schildert die Erziehung des gesamten spanischen Volkes anhand der Entwicklung Pablos - steht die anarchistische, individuelle Aktion. Pablo hat einen vom 'Granden' gedungenen Söldner erschossen, der den Bauern das Wasser stahl. Auch Pablos Bewusstsein ist auf dieser Stufe noch unterentwickelt:

Pablo schwieg. Er hatte seine eigenen Gedanken über Disziplin. Sie erschien ihm entwürdigend und gut für Schwächlinge, die nicht wussten, was sie wollten.[93]

Die soziale Revolution der Bauern, – der Schuss des Protagonisten Pablo auf den Söldner hatte das Startsignal zur Vertreibung der 'Granden' (Großgrundbesitzer) gegeben – ‚bedarf nach Gorrish ihrer Organisierung und Soldatwerdung, deren erste Stufe von Arbeitern und Studenten aus der Stadt vorangetrieben wird. Das Proletariat fungiert hier als Avantgarde. Diese bewussten proletarischen und intellektuellen jungen Menschen stoßen auf den Anarchismus der rückständigen Landbevölkerung. Während die Erwachsenen vom Kommunisten Taga angeleitet werden, wird Pablos politische Entwicklung durch die Jungkommunistin Magdalena in Gang gesetzt. Gorrish durchbricht hiermit bewusst ein Schema von Weiblichkeit im Krieg, indem er Magdalena nicht in der Rolle einer mütterlichen Krankenschwester oder eines Opfers zeigt. Aber Magdalena, in die Pablo verliebt ist, wird bald von deutschen Bomben getötet. Pablo widmet sich daraufhin scheinbar unbelastet von emotionalen Bindungen dem Volkskrieg. Magdalena hatte den Jugendlichen des Dorfes vordem einen Vaterlandsbegriff vermittelt, der in ihren bisherigen Auffassungen keine Rolle gespielt hatte. Die Bauern überwinden ihren Anarchismus, nachdem Magdalena ihnen erklärt hatte:

Heute wissen wir, daß sie (die 'Granden',rh) *mit Franco, Hitler und Mussolini geheime Beziehungen unterhielten, die jetzt vor aller Welt bekannt sind. Ihr seht, dass Franco ein Volksfeind ist, ein Feind unseres Vaterlandes.[94]*

---
[93] Walter Gorrish, *Um Spaniens Freiheit*. Berlin 1946.Köln o.A.,S.44
[94] Ebenda,S.74

Nach Magdalenas Tod ist Pablos Glauben an die deutsche Kulturnation erschüttert, doch schon trifft er auf den Interbrigadisten Edgar Lange:

> *Auch er war geschickt von dem Rest jener, die geschworen hatten, Deutschland vor der endgültigen Verachtung der Völker zu retten. Sein von der Zuchthausstrafe geschwächter Körper schleppte keuchend das Gepäck und das schwere Remingtongewehr.*[95]

Edgar, der als Philosophiestudent seinerseits das Marschieren erst hatte lernen müssen, repräsentiert das Deutschland der Dichter und Denker. Daher schildert ihn Gorrish nicht mit der oft lesbaren Intellektuellen-Verachtung. Der *begeisterte Deutsche*[96] zieht Pablo in seinen Bann, und der junge Spanier, der die Deutschen wegen der Ermordung seiner Magdalena bisher hasste, gibt seine Feindschaft nicht nur auf, er ist bald von den Deutschen begeistert. Edgar opfert sich bei der notwendigen Sprengung einer strategisch wichtigen Brücke. Zuvor hatte er erreicht, Pablo zu einem disziplinierten Kommunisten durch Beispielhaftigkeit und Ausbildung zu machen. Für Pablo folgte die Einberufung zur Offiziersausbildung in Barcelona und nach Rückkehr an die Front der Armverlust während eines faschistischen Bombardements in Teruel. Nachfolgend und abschließend der für ihn glückliche Umstand einer Ingenieurausbildung in Moskau.

Entlang der Rahmenhandlung über die Entwicklung Pablos vom anarchistischen Bauernjungen, des Lesens und Schreibens nicht mächtig, zum bewussten kommunistischen Frontkämpfer gegen den Faschismus, schildert Gorrish eindrucksvoll verschiedene Umstände an den militärischen Fronten, die den Angriffs- und Stellungskrieg in der 'Sierra' plastisch machen. Darin auch unterschiedliche kriegsbedingte persönliche Beziehungen und Freundschaften untereinander. Deren zahlreiche Todesfälle jeweils und immer wieder, natürlich auch den Leser sehr mitfühlend betroffen machen. Während die spanischen und internationalen Brigadisten scheinbar aus berechtigtem Hass dennoch nicht verzweifeln, sondern eher schon nahezu übermenschlich für ihre Sache gemeinsam einstehen.

Dies, auch wenn die Franco-Truppen übermächtig erscheinen, was Gorrish bei aller Heroisierung des Kampfes der Interbrigadisten nicht verdeckt behandelt, gleichermaßen in bildlicher Sprache.

---

[95] Ebenda, S.150
[96] Ebenda, S.159

Irgendjemand hatte auf einer Felswand einen Geier gezeichnet. Die Brust des Vogels stemmte sich gegen Madrid. Der häßliche, nackte Hals schwang im nördlich verlaufenden Bogen um die gequälte Stadt. Der Kopf und der lange Schnabel stießen in südlicher Richtung tief ins Fleisch der Republik. Teruel war gefallen, von den Truppen Francos genommen. Die Heeressäule drückte langsam, aber sicher der Küste zu, mit der Absicht, das uneinnehmbare Madrid von der übrigen Welt zu trennen. Meter für Meter vergewaltigte Franco demokratischen Boden.[97]

Gleichviel berechtigt die Rolle der Interbrigadisten, als Teil des spanischen Volksheeres im Kampfzusammenhang, als fortschrittliche internationalistische Einheit bewertet zu werden.Wenn auch die deutsche soldatische Disziplin nicht an jedem Ort und bei jedem Kämpfer willkommen erscheint, weil disziplinierend. Im Roman werden die dazu notwendigen Auseinandersetzungen immer wieder zum Thema. Ein Grundtenor allerdings, die spanischen Kämpfer seien dessen nicht mächtig und man müsse das ihnen beibringen, liegt dennoch durchaus vor.

Die Männer der Internationalen Brigade kämpften an allen Fronten. In ihren Reihen gab es viele Edgars (Deutscher), *viele Jerrys* (Engländer) *und sehr viele Pablos* (Spanier).*Überall wo sie erschienen, revolutionierten sie ihre Umgebung. Es waren rastlose Gesellen, diese Compañeros aus allen Ländern. Ewig waren sie unzufrieden mit dem, was sie taten."Wir haben zuviel Verluste gehabt."fluchte jemand aus irgendeinem Erdteil. „Wir hätten unseren spanischen Genossen sagen müssen, wie man sich eingräbt."
„Wir dürfen nicht so viel von Disziplin reden", sagte ein anderer, „durch unser Verhalten müssen wir zeigen, welche Vorteile sie bringt." Sie waren die Vermittler der übrigen Welt. Ihr Beispiel verlangte von jedem eine Stellungnahme. Sie entlarvten die Schwätzer, sie schufen klare Fronten. Sie waren nur ein kleiner Haufen, ein winziges Stück Sauerteig in der Masse des spanischen Volkes. Es war das Stückchen, das notwendig ist, um aus lose kämpfenden Gruppen auf dem schnellsten Wege eine disziplinierte Armee zu schaffen.*[98]

---

[97]Ebenda,S.216
[98]Ebenda,S.186

Abschließend ist darauf die Aufmerksamkeit zu legen, dass nicht allein der konkrete unterstützende Kampf mit der Waffe gegen die franquistischen Aufständler als die einzige Aufgabe der Interbrigadisten im Roman dargestellt wird, sondern ebenso immer wieder gleichberechtigt die politische und allgemeine Unterrichtung, Bildung und Ausbildung, um die Kämpfer in die Lage zu versetzten, die Zusammenhänge zu verstehen und gerüstet zu werden, um das Republikanische Spanien gemeinsam aufzubauen.

Kommentar

Gorrish gelingt es in der Handlung seines Romans nicht, den Krieg als verloren darzustellen. Er stellt den Prozess der disziplinierenden Erziehung des spanischen Volkes durch Deutsche als einen insgesamt erfolgreichen und in sich geschlossenen Prozess dar. Beeindruckend darin die Entwicklung zur Solidarität, des gemeinsamen Kämpfens, auch wenn die mitgebrachten Vorstellungen zu den vorgefundenen zunächst als sehr different erscheinen, wie auch die Widersprüchlichkeit zwischen der sog. Intelligenz und der Masse der Arbeiter und Bauern, wie die der Anarchisten und der Kommunisten behindernd statt förderlich erscheinen.

Deren Lösungsweg ergibt sich exemplarisch aus der nahezu konsequenten Entwicklung des vordem anarchistisch denkenden Protagonisten Pablo zum Kommunisten, der letztendlich über die erlangte Offizierstätigkeit nach schwerer Verwundung zur Ausbildung zum gewünschten Ingenieur für Staudammbau in die SU gehen kann. So schließt sich dann für Gorrish sozusagen der positive Kreislauf, indem der spanische Bauernjunge Pablo beispielhaft über seine verschiedentliche Bildung und Ausbildung, über seinen konkreten Kampfeinsatz mit der Waffe, letztlich nach Spanien zurückkehren wird, um sich am zivilen Wiederaufbau solidarisch beteiligen zu können.

- **Ludwig Renn** (22.April 1889 in Dresden; † 21. Juli 1979 in Berlin)
  Im spanischen Krieg (Berlin und Weimar 1955/1968)

Ludwig Renn beginnt seinen Bericht über den 'Spanischen Krieg' mit seiner Gefangenschaft im Zuchthaus Bautzen (Januar 1934 - August 1935). Dort schloss er hauptsächlich während der Freigänge im Gefängnishof Kontakte mit 'Politischen', die ihm von Spanien berichteten und denen er anhand seiner geografisch-ökonomischen, wie politischen Kenntnisse 'Lehrstunden' über Spanien erteilen konnte. So, dass bei ihm wie auch bei anderen der bewusste Wille heranreifte, irgendwann auf der Seite der Spanischen Republik, an der Seite der Völker Spaniens zu stehen, um mit eigenem Einsatz deren Sache gegen die faschistischen Aufständischen zu verteidigen.

> *In den nächsten Tagen sprachen die Gefangenen nur über Spanien. Auf dem Abort fragte mich Alex: „In Barcelona und Madrid ist ja die Sache zu Ende, aber in Asturien kämpft so etwas wie eine Rote Armee. Wo liegt denn Asturien?"*
> *„Im Norden von Spanien. Dort gibt es viele Bergwerke und Eisenhütten. Übrigens haben die Nazis da grosse Interessen. In Nordspanien sollen sie heimlich Unterseeboote bauen."*
> *Alex fragte: „Da kämpfen vielleicht gar Nazis mit gegen die asturischen Arbeiter?"*
> *„Ich habe keine anderen Nachrichten als ihr",entgegnete ich. „Aber mich juckt es in allen Gliedern. Wenn man dort mitkämpfen könnte! Ob gegen die Nazis selbst oder gegen ihre spanischen Verbündeten, ist ja gleich. Und du, Alex?"*[99]

Nach der Entlassung wurde Renn zum Zwangsaufenthalt in das Badische Land zugewiesen, weil er dort keine Bekannten habe und auch unter seinem ursprünglichen Namen (Vieth von Golßenau) als Schriftsteller nicht bekannt sei. Von hier aus floh er über die Schweiz und Frankreich nach Spanien, wo er Anfang Oktober in Barcelona eintraf.

> *Spät in der Nacht stand ich in Barcelona mit zwei kleinen Koffern vor dem stattlichen Hotel Colon, dem Parteihaus der Sozialistischen Einheitspartei Kataloniens. ... „Dich brauche ich gerade."*

---

[99]Ludwig Renn, *Im Spanischen Krieg*. Berlin und Weimar 1968. S.14

> *Das war eine Begrüßung nach meinem Herzen. Es war der ehemalige Reichstagsabgeordnete Hans Beimler, jetzt Führer der antifaschistischen Deutschen in Spanien.*[100]

Vor dem hatte Renn bereits p. Erzählung von einem verwundeten Spanienkämpfer vorbelastend sich über Situationen dort berichten lassen, was insbesondere die Frage der anarchistischen Mitkämpfer, die politischen Dissonanzen untereinander wie die Frage der Disziplin anbelangte. Das sollte weiterhin in und aus seinen direkten Kampferfahrungen als leitender Offizier seine Haltung bestimmen:

> *Danach (nach dem gemeinsamen Sturm der faschistischen Kasernen in Barcelona,rh) gab es die ersten Meinungsverschiedenheiten zwischen uns und den Anarchisten. Wir wollten die Soldaten, die sich abwartend verhalten hatten, in den Kasernen halten und ihnen neue, republikanische Offiziere geben. Unterdessen entließen aber die Anarchisten schon die Soldaten und sagten ihnen: „Ihr könnt nach Hause gehen, wenn ihr wollt, könnt aber auch dableiben. Es gibt keinen Zwang mehr. Die Disziplin ist abgeschafft."*
> *„Das ist ein gutmütiger Unsinn!" sagte ich. „Und wie steht es bei euch, in der Centuria Thälmann?"*
> *„Wir haben natürlich Disziplin. Aber wir, und noch mehr das spanische Volk, müssen den modernen Krieg erst lernen."*[101]

Renns' Anschluss in Truppenteile an Frontabschnitten um Madrid war bereits für Okt./Nov. 1936 vorbereitet und angekündigt, wie auch damit die Kenntnisse, die er als Militärexperte ausweisen konnte. Sein Romandokument 'Krieg' von 1928 über Verlauf und Analyse des I. Weltkriegs als dessen Grundlage, hatte Beachtung gefunden.So, dass er schon vor direktem Einsatz an der wahrgenommenen Kriegsführung sehr kritisch Stellung nahm:

> *... fragte Beimler: „Na, was hältst du von unserer Kriegsführung?"*
> *„Sie ist völlig veraltet und daher eine schwere Gefahr. ... Von der beweglichen Verteidigung hat er (der Kolonnenführer, rh) keine Ahnung. Seine Truppen liegen in einer Linie und so dicht, dass jede einschlagende Granate mehrere Leute verwundet. Aber stell dir vor, was geschieht, wenn die Nazis Artillerie auffahren und in moderner Weise angreifen. Dann ist im Nu unsere Linie durchbrochen, und alles flutet*

---
[100]Ebenda, S.33
[101]Ebenda

zurück."... „Die Linien vorn müssen dünn gemacht werden und dahinter Reserven liegen. Wenn dann die Faschisten durchstoßen, werden sie durch die Reserven von der Seite gefaßt. Das nennt man bewegliche Verteidigung, die sich aus den Erfahrungen des ersten Weltkriegs ergeben hat!"
Ich erregte mich immer mehr. „es ist für mich fast unerträglich, diese Kriegsführung hier zu sehen und nichts tun zu können!"[102]

Mit solchen Vorzeichen versehen, beginnt Renns' Bericht am Madrider Frontabschnitt. Der Leser erfährt sehr ausführlich aus sozusagen erster Hand über Bedingungen, Fort- und Rückschritte des Freiheitskampfes innerhalb wie außerhalb der Internationalen Brigaden gegen die faschistischen Aggressoren.
Innere Widersprüche entwickelten sich immer wieder aus der Auseinandersetzung über Ansichten und Aktionen der Anarchisten/Trotzkisten. Jedenfalls insoweit sie von Seiten der Kommunisten geführt wurden und von ihnen als dem Volkskrieg schädigend erklärt wurden. Ja, sogar soweit, dass Sabotage und Saboteure, Kollaboration damit in Verbindung gebracht wurden:

... ließ mich Hans (Kahle) nach Torija kommen und teilte mir mit:"In Madrid gibt es ernste Auseinandersetzungen zwischen Kommunisten und Anarchisten. Der Anlaß dazu ist hier an der Front entstanden. Bei der anarchistischen Vierzehnten Brigade ist ein Offizier zu den Faschisten übergelaufen. Man hat das untersucht, und dabei hat sich der Stabschef dieser Brigade in Widersprüche verwickelt, die darauf deuten, daß er mit dem Übergelaufenen etwas zu tun hatte.Man hat ihn verhaftet. Ich persönlich nehme an, daß es sich bei beiden um richtige Faschisten handelt, die in die anarchistische Organisation eingetreten sind, weil man bei der dortigen Unordnung viel leichter Schädlingsarbeit leisten kann als bei uns. In diesem Fall handelt es sich wahrscheinlich um Spionage. ... So einer Anarchistenbrigade ist ja zuzutrauen, daß sie plötzlich die Front verläßt und auf Madrid marschiert"[103]

---

[102]Ebenda, S.44
[103]Ebenda,S.281

Solche inneren Widersprüchlichkeiten, die auch gleichermaßen mit Brigadisten, die der trotzkistischen POUM angehörten, auftraten und solcher Art gelöst wurden, konnten natürlich dem gemeinsamem Kampf gegen die franco-faschistischen Aggressoren[104] und deren Verbündeter auf spanischer und internationaler Ebene starken Schaden zufügen, die Einheitsfront in ihrem Zusammenhalt aufbrechen. Faschistischerseits wiederum könnte das Wasser auf die Mühlen bedeuten. Sie bildeten sich dazu maßgeblich durch die Unterstützung seitens des italienischen Staatsfaschismus hauptsächlich als massenhafte Bodentruppen und durch die von Göring eingeleiteten Luftwaffeneinsätze der berüchtigten 'Legion Condor'.
In diesem Kriegsrahmen und an den Frontabschnitten zur entscheidenden und letztlich an die Faschisten verlorenen Schlacht am Ebro, wie weiter dann an den Fuß der Pyrenäen in den Tälern des Ter und des Segre führen den Leser eindrucksvoll zum Geschehen.
'Schlachtgetümmel' als 'O'-Ton findet sich seltener, eher schon Versachlichungen in Strategie und Taktik der Kriegsführung. Speziell als Kommandeur des Thälmann Bataillons, einer Kolonne als Offiziersschule und der XI. Internationalen Brigade unter Leitung Hans Kahles, mit dem Renn als dessen Stabsmitglied eine enge Freundschaft verband.

Gleichzeitig mit der Verbesserung der Schlagkraft der Armee kamen allerhand Veränderungen im Kommando. ... Man stellte mich vor die Frage, ob ich bei der Brigade als Stabschef bleiben oder zu Hans (Kahle) als Stabschef der Division gehen wollte.
Vom Standpunkt des Angenehmen sprach alles dafür, daß ich mit Hans zur Division ging. Ich hatte mit ihm vorzüglich zusammen gearbeitet und mochte ihn als offenen und fröhlichen Charakter gern. Stabschef der Division zu werden, war auch ein Aufstieg. Aber ich wußte, daß es in der Brigade keinen brauchbaren Ersatz für mich gab, und ich hielt es für meine Pflicht, erst einen neuen Stabschef wenigstens etwas heranzubilden.[105]

Gleich dem militärischen Auftrag handelte und äußerte sich Ludwig Renn natürlich auch in seiner Profession als Schriftsteller während der massiven Kriegshandlungen. So nahm er am antifaschistischen Schriftstellerkongress vom 4. bis

---

[104]Renn erläutert die Zusammensetzung der sog. Franco-Faschisten und ihrer Partei 'Falange' nicht in ihrem unterstützenden Zusammenhang. Dazu gehören eben auch konservativ/reaktionäre, nicht offen faschistische Kräfte wie königsloyale Nationalisten ('Carlisten'; 'Alfonsisten');das Rechtskartell 'CEDA'; die Getreuen des königlichen 'Militar Regulares')
[105]Ebenda,S.275

7.Juli in Valencia mit Folgesitzung in Madrid teil. Dort versammelten sich gerade zur Unterstützung der Republik gegen den nationalen und internationalen Faschismus Schriftsteller aus aller Welt. Im Auto auf der Fahrt zur Fortsetzung des Kongresses in Madrid (vgl. Kapitel III.) befand sich unter den international gemischten Schriftstellern auch der norwegische Dramatiker Nordahl Grieg, den Renn als jungen antifaschistischen Schriftsteller sehr zu schätzen wusste.

Nordahl Grieg (li),Ludwig Renn(re) u.Gerda Grepp auf der Fahrt nach Madrid, 5.Juli 1937 (rh©copy2017)

Letztlich dann führt es Renn zu den letzten Schauplätzen des antifaschistischen Befreiungskrieges im Herbst 1938, zu dem Zeitpunkt als der 'Internationale Völkerbund' zur Befriedung Spaniens und zur Deinternationalisierung des Krieges von der republikanischen Regierung den Abzug der nichtspanischen Truppen forderte, die dem mit der Rückführung in die jeweiligen Heimatländer nachkam.Während die sog. Achsenmächte (Deutschland/Italien) ihren unterstützenden Krieg gegen das Republikanische Spanien und die dort noch verbliebenen Völker weiterführten.[106]

---

[106]Ebenda,S.410f

Ludwig Renn selbst gelingt dann im Februar 1939 innerhalb der Flüchtlingsströme mit einer Kolonne die Flucht über eine nun endlich geöffnete Grenzstation nach Frankreich:

> *Mit haßerfülltem Blick mußten die üblen Vertreter Frankreichs die Kolonne marschieren lassen. Die Freiwilligen zogen stolz an ihnen vorbei durch die Schlagbäume. Sie betrachteten sich als Teil der spanischen Volksarmee, die, anfangs ohne militärische Ausbildung, im ungleichen Kampf, fast drei Jahre zwei faschistischen Großmächten standgehalten hatten. Keiner ließ sich anmerken, daß sie einer unsicheren Zukunft entgegengingen.*[107]

---

[107]Ebenda

Kommentar

> *Ich erregte mich immer mehr. Es ist für mich fast unerträglich, diese Kriegsführung hier zu sehen und nichts tun zu können.*[108]

So wirkte der militärische Teil des Spanischen Bürgerkriegs auf den ehemaligen Offizier und Kommandeur Ludwig Renn, noch bevor er überhaupt konkret selbstlos-solidarisch eingegriffen hatte und bevor er über entsprechende Befehlsgewalt verfügte, die ihm eine Formierung der spanischen Truppen nach seinen Vorstellungen erlaubt hätte. Renn wurde eben schon, noch in der Schweiz weilend, um Disziplinierung ersucht, über die er qua seiner militärpolitischen Kenntnisse aus dem I. Weltkrieg und durch seine Studien verfügte.

> *Wir haben natürlich Disziplin. Aber wir, und noch mehr das spanische Volk, müssen den modernen Krieg erst lernen.*[109]

Renn, bereits Kommandeur des 'Thälmann Bataillons', wird sogar zum späteren Zeitpunkt des Krieges von spanischen Kämpfern um militärischen Schliff nach preußischem Vorbild ersucht

> *„Ihr habt also", fragte ich belustigt, „eine Art Meuterei gemacht, um endlich mal nach preußischem Muster geschliffen zu werden? Das ist allerdings das Sonderbarste, was ich je gehört habe. Aber es ist gut! ..."*[110]

Renn fühlte sich umgeben von *allerhand unsauberem Volk, Schädlingen, Spionagenestern, Agenten, Mitgliedern der 'Fünften Kolonne', suspekten* oder *verdächtigen Elementen, Anarchisten* und eben *Trotzkisten*:

> *Auf den Vordersitzen war es besser, aber neben dem Fahrer saß ein Begleitmann mit Gewehr, denn die Straße nach Madrid galt für unsicher. An manchen Stellen geschah die Kontrolle der Wagen durch Anarchisten, bei denen sich allerhand unsauberes Volk eingeschlichen hatte, zum Teil sogar angeblich Faschisten.*[111]

---

[108]Ebenda,S.44
[109]Ebenda
[110]Ebenda,S.54
[111]Ebenda,S.75f

Diese Leute konnten Trotzkisten und andere verdächtige Elemente in die Brigade schicken, um unsere Kampfkraft zu schwächen. Daher wollte Hans (Kahle) selbst aufpassen, was geschah, natürlich in enger Verbindung mit der spanischen Kommunistischen Partei.[112]

Insgesamt kommen reale Beschreibungen von Kriegshandlungen eher selten vor, somit auch weniger Bilder von individuellen Schicksalen an der Front, deren unglaubliche Grausamkeiten in anderer Literatur ja kaum zu ertragen sind. Renns' Fokus richtet sich eher auf eigene Aktionen und Wirkungen. Die Erziehung *seiner Milizionäre,* d.h. seine erziehende und disziplinierende Formierung der Brigadisten, *junger, frischer und einfacher Menschen,* und die militärische Ausbildung zu/von leitenden Offizieren entsprechend der notwendigen Kriegslogik. Wenn auch der Bericht Ludwig Renns unter diesen Verschiebungen als Dokument etwas leidet, bleibt dennoch eine eindrucksvolle empathische Schilderung. Sie dient vollkommen parteiisch dem Zweck und Verlauf des republikanischen Freiheitskampfes, wie sie den Leser in die Chronik vom Herbst 1936 bis in den Februar 1939 wortgewaltig versteht mitzunehmen. Herausragend erscheint dabei Renns' sprachliche Virtuosität in der Gesamtdarstellung.

---

[112]Ebenda,S.158

- *Egon Erwin Kisch*(29.April 1885 in Prag, Österreich-Ungarn; † 31. März 1948 Prag)
Die drei Kühe Eine Bauerngeschichte zwischen Tirol und Spanien (1938)
Soldaten am Meeresstrand (1938)

Die drei Kühe

Wem sich die Frage vor 80 Jahren stellte, ob er nach Spanien gehe, wollte er nicht in den Urlaub.Vielmehr opferte er diesen und oft genug ein oder zwei Berufsjahre obendrauf. Nach Spanien ging es, um zu kämpfen: für die Bürgerlichen um Freiheit und Demokratie, für die Arbeiter um die Weltrevolution, für alle zusammen gegen den von Hitler und Mussolini unterstützten national-faschistischen General Franco. In den Internationalen Brigaden fochten Arbeiter und Intellektuelle aus ganz Europa. Während sich letztere die Bahnreise und den Weg über die Pyrenäen meist selber leisten konnten, organisierten linke Parteien und Gewerkschaften für ihre Mitglieder Sammeltransporte. Wie aber kam ein Tiroler Bauer, Max Bair, 20 Jahre jung, - durch die Erzählungen eines Wanderarbeiters über gelebte Solidarität und kooperativ betriebene Landwirtschaft für Spanien entflammt, arm und noch unorganisiert - , dorthin? Indem er sein Vieh (drei Kühe) verkaufte und die Geschichte einem Reporter erzählte, dem er gleich nach der Ankunft über den Weg gelaufen war. *Die Kameraden ringsumher fingen zu lachen an*, beschreibt Egon Erwin Kisch (der Reporter,rh) die erste Reaktion auf Bairs Schilderung, ... *keiner von den Kameraden ringsumher hat seine Fahrkarte nach Spanien aus seinem Bankkonto bezahlt.* [113]
Kischs' einfühlsame, aber mit leichtem Ton geschriebene Reportage folgt Bairs' Weg in den spanischen Krieg. Dort endet sie auch. Wie ging es mit Bair weiter? Der überzeugte Kommunist Kisch nahm auch weiter Anteil an Bairs' Schicksal und den naiven, aber alles andere als dummen Neuankömmling unter seine Fittiche. Die Freundschaft ging über den Spanischen Krieg hinaus und hielt auch noch nach dem anschließenden Weltkrieg. Kisch starb 1948 in Prag. Bair sollte ihn um mehr als ein halbes Jahrhundert überleben. Er starb am 25. Juli 2000 in Berlin, unter anderem Namen.

Von Paris aus ist es nach Perpignan gegangen, dort hat der Max (d.i.Max Bair) *den Rest seines Geldes an die Schwester abgeschickt und ihr geschrieben, sie soll ihm einmal einen Brief darüber schreiben, was zu Haus geworden ist. Rückadresse: Internationale Brigaden, Spanien. Dann gings über die Grenze. In Figueras haben schon*

---

[113]Egon Erwin Kisch, *Die drei Kühe*. a.a.O.,S.285f

hundertfünfzig Freiwillige aus allen möglichen Ländern auf den Abtransport zu den Brigaden gewartet. Der kam bald, und alle haben sich schon gefreut, es geht an die Front. Aber keine Spur, nach Albacete ist's gegangen, dort sind sie dreizehn Tage lang ausgebildet worden, und nachher kamen der Max und der Stefan zum vierten Bataillon von der XI.Brigade, ...[114]

Kommentar

Sicherlich eine eher ungewöhnliche Geschichte, deren Überzeugungskraft wohl in der Unkompliziertheit und Bescheidenheit liegt. Eine Reportage wird als Geschichte erzählt in einer auch sprachlichen Leichtigkeit, sodass der historisch-politische Hintergrund und die Folgen im Kampf gegen Faschismus und Krieg, für eine Spanische Republik, nahezu den Charakter der Natürlichkeit und Selbstverständlichkeit erhält. Gelebter Humanismus und internationale Solidarität wird hier zur Haltung, ohne dass zunächst eine Organisiertheit im Vordergrund steht, aber eine intensive Überzeugung und Willenskraft zur Parteilichkeit.

Für uns Leser heute sicherlich eine gut lesbare Geschichte aus dem Bauernmilieu, über die Weltmetropole Paris hin zum Widerstandskampf als Teil der XI. Internationalen Brigade.[115]

Es wurde eine Bauerngeschichte, schreibt Kisch selbst, *aber eine andere Art als die, die man bei Peter Rosegger ... liest.*[116]

Wie wahr!

---

[114]Ebenda, S.300
[115]Ludwig Renn als Politkommissar und Presseoffizier (vgl. Kap. IV. 1.,Ludwig Renn)
[116]Ebenda, S.286

Soldaten am Meeresstrand

Wenn wir nun sagen, dass ein spanischer Küstenort (d.i. Benicassim, rh) zu einem Hospital der Internationalen Brigaden geworden ist, so müssen wir unsere Leser bitten, die erwähnte landläufige Vorstellung von Hospitälern von sich zu werfen. Denn dieses Hospital besteht aus vielen schönen Villen in Palmgärten. ... , deren Namen nicht mehr Villa Carmenita, Rosita, Lola ... heißen, sondern nach fortschrittlichen und revolutionären Menschen benannt sind, wie: Maxim Gorki; Henri Barbusse; Rosa Luxemburg; Ernst Thälmann; La Pasionaria; John Reed ...[117]

Überall, wo die Internationalen Brigaden in Reserve – oder Ruhestellung sind, organisieren sie Analphabetenschulen, die mehr Zulauf haben, als die von spanischer Seite eingerichteten. Vor ihren Landsleuten schämen sich viele Spanier ihres Unwissens, obwohl dieses wahrscheinlich nicht ihre Schuld ist.[118]

Hauptaufenthaltsort der heutigen Kurgäste (verwundete Kämpfer von der Front u. Rekonvaleszenten,rh), *soweit sie nicht bettlägerig sind, ist das Kulturhaus »Maxim Gorki«, das schon früher eine besonders schöne Villa war. Darin auch eine Bibliothek mit 1500 Bänden in 12 Sprachen, Zeitungen und Zeitschriften.*[119]

Die aber nach Kisch zu wenig vorhanden waren bei soviel *Lesezeit* und viel *Lesehunger,* sodass man bald an verschiedenen Stellen Wandzeitungen fand, die über wichtige Nachrichten und Mitteilungen sichtbar informierten.[120]
Das und der sog. 'Generalanzeiger' des Hospitals im Format 4qm (angebracht an den Gittern der Villa Azañas) allsprachig, wie auch jede Sprachgruppe eine eigene Wandzeitung hatte.[121]
Politische wie auch kulturelle Vorträge werden dort gehalten, beispielsweise über russische, deutsche, spanische Literatur.[122] Musikalische Kunst wird zum Genuss und zur Unterstützung des antifaschistischen Kampfes dargeboten:

---
[117] Egon Erwin Kisch, *Soldaten am Meeresstrand.* Valencia 1938, Microfilm,S.3u.8
[118] Ebenda, S.25
[119] Ebenda, S.26
[120] Ebenda, S.26ff
[121] Ebenda, S.27f
[122] Ebenda, S.29

Die Musik ist sozusagen die außerdienstliche Dienstsprache der Internationalen Brigaden.[123]
Ebenso wie Pablo Casals, Spaniens größter Musiker, sind Spaniens größter Maler Pablo Picasso und Spaniens einziger Nobelpreisträger der Literatur, der Dichter Jacinto Benavente, begeisterte Verfechter der republikanischen Sache und Hasser der faschistischen Generalsclique.[124]

Neben Konzerten nimmt auch die sportliche Betätigung gerade beim Fußball großen Raum ein. Aber:

Denn wer schon so weit ist, Tore zu schiessen, kann auch Faschisten schiessen und geht als Stürmer oder Verteidiger an die Front.[125]
Auch ein Kinderheim ist hier eingerichtet für Kinder, die ihre Eltern im Krieg verloren.[126]

Scheinbar gefahrlose Umstände? Nein! In den frühen Morgenstunden näherte sich ein italienisches Bombengeschwader vom Stützpunkt auf Mallorca im Tiefflug:

So geschieht es, dass die Bombe ein Hospital anfällt, und nichts und niemand hält sie auf,im Bruchteil einer Sekunde wird sie ihr Mordgeschäft vollbracht haben. Im Bruchteil einer Sekunde. Wir liegen da, wir tun das gleiche, was die Lenker der demokratischen Staaten tun, wir stecken den Kopf in den Sand.
Wir haben hier keine Waffen gegen das Geschwader, wir haben kein Mittel, die Bombe aufzuhalten, die herniedersaust. Aber jene Staatsmänner haben Mittel und Waffen.[127]

Als Schlusswort/Epilog wählte Kisch dann einen Appell eigentlich an die Welt, die doch Fortschrittlichkeit, Demokratie und Humanismus auf ihre Fahnen geschrieben hatte. Hatte doch schon der I.Weltkrieg offenbart, dass der Imperialismus in seiner Erscheinungsform im 20. Jahrhundert Großmachtstreben, Nationalismus und Faschismus an deren Stelle gesetzt hatte.

---

[123]Ebenda, S.30ff
[124]Ebenda, S.31
[125]Ebenda, S.33
[126]Ebenda, S.42
[127]Ebenda, S.49f

*

Hoch springendes Feuer und Rauch empor wie ein Schrei gegen die Barberei:
Fortschrittliche Menschheit, werde zu einer Internationalen Brigade für Freiheit und Recht![128]

Kommentar

Natürlich ist der Appell zu unterschreiben, der Leser dieser Geschichte wird es auch tun. Fügen sich doch hier bei Kisch Teile zu einem Ganzen. Meint, viele Teilaspekte des antifaschistischen Kampfes in den Reihen der Interbrigaden an der Seite der Republikanischen Volksarmee bringt uns der Autor zu Gesicht. Eben nicht allein den Kampf mit der Waffe, sondern den an den Fronten der Kultur und der Künste, an den pädagogisch-erzieherischen, an den journalistischen, den literarisch-dramaturgischen, den medizinischen, den kommunikativen und den sportlichen.
Alle diese partikularen Teile sind in der menschlichen Existenz Bestandteil eines Ganzen, stehen in permanten Wechselprozessen. Und Kisch macht mit seiner Reportagegeschichte uns heute noch deutlich, dass dies galt und gilt in diesen Zeiten des antifaschistischen Krieges. Dass die Internationalen Brigaden sich mehr und mehr in die Lage versetzten, Solidarität im Kampf und im täglichen Leben des Kampfes zu organisieren.
Selbstverständlich gab es viele Schwierigkeiten allein in der materiellen Ausstattung zu überwinden. Widersprüche allein in unterschiedlichen Auffassungen und Haltungen einem Kritik/Selbstkritik-Prozess zu unterziehen. Womit deutlich wird, dass der militärische Sieg zwar die Hauptseite in diesem Krieg darstellte, aber die beschriebenen Nebenseiten dessen Fundament bedeuten.

---

[128]Ebenda, S.50

Marineros der Interbrigaden 1936 (rh©copy2017)

88´

- **Hans Marchwitza** (25.Juni 1890 in Scharley; † 17.Januar 1965 in Potsdam)
Araganda (in: Hans Marchwitza, Unter Uns, Erzählungen. Berlin 1950)

Das Dombrowski-Bataillon saust auf Lastautos ab. „An die Jamarafront!"sagt man. Es ist erst Februar und eiskalt.die Autos rasen auf der großen,asphaltierten, eigentlich letzten Straße, die Madrid mit dem Hinterland verbindet. In der Ferne krachen die Donnerschläge der beginnenden Schlacht. Die Faschisten haben angegriffen, und irgendwo ist ihnen ein Einbruch in die Front der Regierungstruppen gelungen.
Die Camions hasten durch eine Stadt, es ist die nächstgefährdete, Araganda. Drüben zieht sich der Fluß hin, werden mehrere Brücken sichtbar. Aus den Bergen und Olivenhainen hinter dem Fluß blitzt es und flutet etwas heran – Marokkaner.
General Lukacs erwartet das Bataillon Dombrowski in der Nähe der einen Brücke.[129]

Hans Marchwitzas' kleine Erzählung handelt von einer oder der Schlacht an der 'Jaramafront', dessen Teilnehmer er selbst innerhalb des 'Dombrowski Bataillons', XII.Internationale Brigade, mit der Waffe kämpfend gewesen ist. Der (Todes-) Mut der dort eingesetzten spanischen Volksarmisten und der Interbrigadisten wurde zum Symbol des Widerstandskampfes, der unbrüchig und willensstark in den kalten Februartagen 1937 seinen Lauf nahm. Trotz deutlicher Übermacht der nationalistischen und faschistischen Kräfte, die sich aus spanischen Legionären, Kolonialtruppen aus Marokko, regulären Einheiten unter General Franco und Teilen der deutschen 'Legion Condor' rekrutierten, gelang es zunächst diese Offensive zu stoppen. Der Verlauf der Schlacht am Brückenkopf des kleinen Ortes 'Araganda del Rey' ist Bestandteil dieser Erzählung und des Liedes:

Kameraden, Genossen, singt alle mit,
Laßt schweigen die andern Lieder!
Wir singen das Lied der Jaramafront!
Und unsrer gefallenen Brüder.

---

[129]In:Hans Marchwitza, *Unter* uns.Erzählungen.Berlin 1950.*S.154*

Mit Tank und mit Fliegern griffen sie an
Wir hatten nur Mut und Gewehre.
Sie kamen nicht durch!An unserem Damm
zerschellten die Legionäre.

Granaten rissen in unsere Reih'n
So manche blutige Lücke.
Wir deckten die Straße, den Weg nach Madrid.
Wir hielten die Argandabrücke.

Jetzt blüht der Mohn im Jaramatal,
Er blüht vor unserem Graben.
Ein roter Teppich liegt über dem Land,
Wo die Besten der Unsern begraben.

Aber später und immer und überall,
Wenn Arbeiter sitzen beisammen,
Wird erklingen das Lied vom Jaramatal,
Wird zum Kampfe die Herzen entflammen.

Denn einmal,wenn unsere Stunde kommt,
Da wir alle Gespenster verjagen,
Wird die ganze Welt zur Jaramafront,
Wie in den Februartagen.[130]

Die Schlacht am Jarama fand vom 6.Februar bis 27.Februar 1937 ca. 10-15km südöstlich von Madrid statt. Es standen sich reguläre Einheiten der Nationalisten unter Franco, die spanische Fremdenlegion, Kolonialtruppen aus Marokko, die republikanische Armee und Einheiten der Internationalen Brigaden gegenüber. Im November 1936 schlug der Versuch der nationalistisch-faschistischen Kräfte unter Franco fehl, Madrid zu erobern, es kam zur Belagerung von Madrid. General Emilio Mola war Oberkommandierender dieser Truppen in der Nähe von Madrid. Es wurde hier nun der Plan erarbeitet,den Fluss Jarama,11Kilometer südöstlich von Madrid, zu überqueren, um die Kommunikation Madrids mit dem neuen Sitz der 'Frente Popular' in Valencia zu unterbrechen. Der Angriff sollte gemäß den Plänen zum gleichen Zeitpunkt stattfinden wie der Angriff der verbündeten Italiener bei Guadalajara nordöstlich von Madrid, um Madrid von beiden Seiten zu umfassen.

---

[130]Ludwig Detsinyi (Text Febuar:1937), vertont von Ernst Busch, in: *Canciones De Las Brigadas Internacionales*. Berlin 1968. Ludwig Detsiny war selbst Brigadekämpfer an diesem Frontabschnitt.

Da die Italiener jedoch nicht rechtzeitig einsatzbereit waren, entschloss sich General Mola, die Offensive alleine durchzuführen. Diese Truppenteile umfassten ca. 25.000 Mann Infanterie, darunter auch Truppen der spanischen Fremdenlegion. Des weiteren standen dem General Einheiten der 'Legion Condor' mit schweren Waffen am Boden und in der Luft zur Verfügung. Ziel dieses Angriffs war es, das westliche Ufer des Jarama und die angrenzenden Anhöhen von La Marañosa einzunehmen, um dann über den Brückenkopf Araganda beim Ort Arganda del Rey nach Madrid vorzurücken.

Die XI., XII., XIV. und die XV. Internationale Brigade eröffneten ihrerseits am 17. Februar einen Großangriff und hielten zunächst die Aragandafront, wodurch die nationalistisch-faschistischen Truppen im nördlichen Kampfgebiet vor Araganda del Rey zurückweichen mussten. Die Interbrigaden erlitten hier hohe Verluste.

Die beiden schleppen, ihre Schmerzen verbeißend, das Maschinengewehr weg. Es ist eine mühselige und gefahrvolle Arbeit, denn die Kugeln sausen immer dichter, und immer mehr Granaten schlagen rings um sie ein. Adamowitsch bleibt bei den letzten paar Mann liegen und belauert,- die Handgranaten wurfbereit -, die herankriechenden Legionäre. Ihre Stimmen klingen schon ganz nah, wilde, heisere, blutrünstige Stimmen, Stimmen von Bestien, die sie erbarmungslos zerreißen werden, sobald der letzte Sprung, zu dem sie ansetzten, gelingt. Da springen sie ...[131]

Davon zeugt die Erzählung nachdrücklich, wie auch das Lied von der Jaramafront.[132]

---

[131]Ebenda,S.160

[132]In der Zeitschrift *Volks-Illustrierte* vom 28. Juli 1937 findet sich das Lied selbst zu einem von Gerda Taro bebilderten Artikel (vgl. dazu: Irme Schaber, *Gerda Taro*, a.a.O.,S. 146f)

Kommentar

In dieser kleinen Erzählung wird die Wucht und Brutalität des Krieges sehr deutlich, die sich in der Sprachauswahl entsprechend niederschlägt. An mancher Stelle für den heutigen Leser wahrscheinlich zu voluminös-martialisch. Reduziert man den Sprachstil gedanklich auf Angemessenheit und Einfühlung, bleibt immer noch die eindrucksvolle Authentizität der erlebten Ereignisse, wenn auch Verteidigung und Angriff als sozusagen 'letzte Schlacht' heroisch erhoben erscheinen.

Hans Marchwitza gelingt es aber, eine durch massenhafte Verluste geprägte Verteidigungsfront anhand menschlichen Einsatzes dennoch optimistisch im Kleinen und im Großen für eine Zukunft der Spanischen Republik literarisch zu entwickeln.

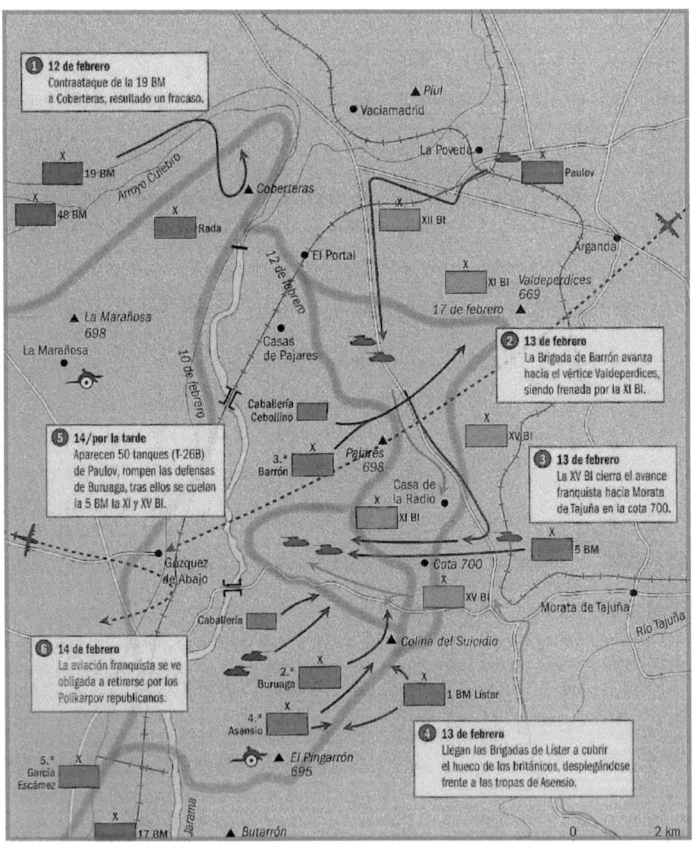

Die Schlacht am Jarama., Februar 1937. Araganda als Brückenkopf (rh©copy2017)

- **Alfred Kantorowicz** (12.August 1899 in Berlin; † 27.März 1979 in Hamburg)
Spanisches Tagebuch (Berlin 1948)

Alfred Kantorowicz beginnt seine Aufzeichnungen mit dem 20. Dezember 1936 in Madrid und beendet sie mit der Schlacht von Brunete im Juli/August 1937. Vorausgegangen waren die Aufstellungen der Internationalen Brigaden in Albacete, zu denen sich der Schriftsteller und Literaturwissenschaftler freiwillig gemeldet hatte und deren erste Einsätze direkt zur Verteidigung von Madrid erfolgten. Kantorowicz hatte also gemäß seiner eigenen Devise, die Kunst als Waffe zu gebrauchen, nun die Feder mit dem Gewehr eingetauscht, wie es Ludwig Renn auf dem II. Internationalen Schriftstellerkongress 1937 fordern wird.[133] Kantorowicz war dem sogenannten 'Tschapaiew Bataillon' innerhalb der XIII. Brigade als Informationsoffizier zugeteilt.

Die Geschichte dieser Brigade endete am 24. Juli 1937, nachdem durch die übergroßen Verluste in der Schlacht um Brunete die wenigen noch kampffähigen Brigadisten auf ihre nationalen Einheiten überwiesen wurden, die Deutschen zur XI. Brigade unter Führung ihres Kommandeurs Ludwig Renn.

Kantorowicz selbst sollte nach seinen Verletzungen nicht mehr aktiv an den Kämpfen teilnehmen, sondern sich eher wieder der Dokumentation des Spanienkrieges widmen, dessen Ergebnis hier neben seinem 'Tschapaiew'-Buch[134] vorliegt.

Damit begann auch für mich ein anderer Abschnitt des Kampfes in Spanien, der sich später in wandelnden Formen in Frankreich und in den Vereinigten Staaten fortsetzte und der heute, da ich nach vierzehnjährigem Exil wieder heimgekehrt bin, in Deutschland weitergeführt wird.[135]

---

[133]Vgl. Kap.III

[134]Alfred Kantorowicz, *Tschapaiew Das Bataillon der 21 Nationen.*Dargestellt in Aufzeichnungen seiner Mitkämpfer.Redigiert von Alfred Kantorowicz. Berlin 1956 (Neuauflage). In dem hier vorliegenden Spanienbuch wird bereits auf dessen Entstehungsgeschichte und -Motiv hingewiesen. (vgl. S. 173f)

[135]Alfred Kantorowicz war schon 1933 als einer unter den ersten Schriftstellern 'ausgebürgert' worden und war gezwungen, nach Frankreich ins Exil zu fliehen (vgl.A.Kantorowicz, *Exil in Frankreich*. Bremen 1971,S.9), von wo aus er sich dann 1936 den Internationalen Brigaden anschloss. Nach seiner Fluchtgeschichte über Südfrankreich und dann ab 1941 von dort nach den USA geflohen, kehrte er Ende 1946 nach Deutschland in die damalige 'SBZ' zurück.

Interessant und erkenntnisreich schildert Kantorowicz die ursächlichen Zusammenhänge und Folgen dieses vom Faschismus aufgezwungenen Krieges, wie mit zunehmender Entwicklung den Unterstützungskampf durch die Gründung der Internationalen Brigaden selbst bis zu deren Eingliederung in die gegründete Spanische Volksarmee. Beginnend in Madrid mit dem mutigen Widerstand gegen die franquistischen Truppen, die zum finalen Sturm der Hauptstadt eine Angriffsfront gebildet hatten. Darauf galt es hundert- und tausendfach seitens der antifaschistischen internationalen militärischen Kräfte die Republik und deren Regierung zu verteidigen.

Dezember 1936
Hans (Kahle) hatte die Meldung gelesen. Er sprang auf. Im gleichen Augenblick hörten wir die Artillerie. In dieser Stunde hatten die Faschisten ihren mächtigen Durchbruchsversuch auf der Linie Boadilla del Monte-Majadahonda begonnen.
Das Feldtelefon läutete unaufhörlich. Hans jagte Melder auf Melder zu den Bataillonen. ... Die Nachrichten, die unterdessen gekommen waren, zeigten, mit welcher Wucht der Stoß der Faschisten geführt wurde. Unsere Front hat an einigen Stellen nachgegeben, und an einigen Stellen sind die Faschisten nahezu kampflos ziemlich weit durchgedrungen. Sie stehen drei Kilometer vor Majadahonda. ... Hans bewahrt seine unerschütterliche Zuversicht: „Wenn das 'Thälmann Bataillon' den Wald von Boadilla halten kann", sagt er, „so bekommen sie Majadahonda, das vom 'Edgar Andre-Bataillon' verteidigt wird, nicht."... Auch sei das französische Bataillon 'Commune de Paris' ... wieder im Anmarsch.[136]

So wie an diesem Frontabschnitt gelingt es den Internationalen im Verbund mit der spanischen Volksarmee Siege und Voranschreiten zu erzielen. Aber auch Rückschritte und massive Menschenverluste galt es zu verzeichnen. Gerade in den Zeiten und an den Orten, seitdem und wo die italienischen und deutschen Luftstreitkräfte seit Juli 1936 zur Unterstützung der aufständischen Franco-Truppen eingriffen. Auf Seiten der republikanischen Verteidiger waren entsprechende Luftkräfte kaum einsetzbar, vor allem aber nicht an so vielen Frontabschnitten, wie es notwendig gewesen wäre.

---

[136] Alfred Kantorowicz, *Spanisches Tagebuch*. Berlin 1948.S.25f

Den 5.Januar 1937
Madrid liegt unter schwerem Feuer. Madrid erduldet alle paar Stunden ein Luftbombardement. Madrid brennt an allen Ecken und Enden; sie werfen Brandbomben. Aber die Bevölkerung Madrids eilt auf die Barrikaden. In diesen Stunden ist das „No pasaran!"kein Schlagwort, sondern ein bindendender Schwur; ... Wieder wie in den Novembertagen scheinen die Madrider entschlossen, eher unter den Trümmern ihrer Stadt zu sterben als sich dem Faschismus zu ergeben. „Madrid sera la tumba del fascismo."[137]

Wir erfahren auch über andere Seiten des Widerstandskampfes, die natürlich den Schriftsteller Kantorowicz selbst wie auch andere in diesem Krieg Beteiligte betrifft und als deren Aufgabe betrachtet wird. An dieser Stelle soll beispielhaft die Tätigkeit als Reporter und Redakteur aufgezeigt sein und vor allem auch die Konzentration Kulturschaffender der spanischen Sektion der 'Internationalen Schriftstellervereinigung zur Verteidigung der Kultur in der 'Alianza de los Intelectuales'.

Zu der direkten redaktionellen Tätigkeit heißt es dann:

Madrid den 20. Dezember 1936
Nun hätten wir uns an unsere Aufgaben machen sollen. Es galt, den Bataillonen einen Nachrichtendienst aus der spanischen und europäischen Presse und den Rundfunkmeldungen zusammenzustellen, etwa vier bis fünf engzeilige Schreibmaschinenseiten, die zur Grundlage des Nachrichtenmaterials für die Bataillonszeitung dienten. Wir gingen denn auch tapfer an die Sichtung. Aber es ist sehr schwer, in der Stunde entscheidender Kämpfe konzentriert Büroarbeit zu tun. Kurt drängt es nach vorn, zu den Bataillonen. An solchen Tagen, so sagt er, ist der Platz des Kommissars in der Linie.[138]

Alfred Kantorowicz oblagen neben seinen Fronteinsätzen nicht nur diese bataillonsbezogenen redaktionellen Aufgaben, sondern insbesondere auch die Mitarbeit an der übergreifenden Zeitung der Interbrigaden *Le Volontaire de la Liberté*. Ganz hervorragend entwickelten sich auf diesem Gebiet auch die Kontakte und die gemeinsam solidarische Zusammenarbeit mit den spanischen Kulturschaffenden selbst. Sozusagen an der kulturellen Front, die gleichermaßen ein wichtiger Abschnitt im aktuellen Widerstand wie für die Zukunft große Bedeutung hatte.

---
[137]Ebenda, S.78
[138]Ebenda, S.26

Den 1. Januar 1937
Heute Nachmittag waren Kurt und ich zu Gast in der 'Alianza de los Intelectuales'. ... Die Alianza hat ein schönes Palais im Stadtzentrum beschlagnahmt. Eine Anzahl Madrider Intellektueller, deren Wohnungen im Kampfgebiet geräumt werden mußten, und einige aus dem von Franco besetzten Gebiet geflüchtete Schriftsteller, Künstler, Musiker wohnen und arbeiten dort. Natürlich arbeiten sie alle für den Freiheitskampf. Die Poeten dichten Freiheitslieder, die Musiker vertonen sie, die Maler und Graphiker entwerfen Plakate – gerade die Plakatkunst steht im antifaschistischen Spanien auf besonders hohem Niveau; Schauspieler und Regisseure arbeiten mit Schriftstellern und Musikern Theateraufführungen und Kleinkunstprogramme aus, die den Soldaten an der Front wie der kämpfenden Madrider Zivilbevölkerung fröhlich anfeuernde Stunden schaffen. ... Die „Verteidigung der Kultur" hat hier den unmittelbarsten Bezug gefunden; man verteidigt sie nicht nur mit der Schreibmaschine, sondern auch mit dem Maschinengewehr: viele ... ,die der Alianza zugehören, sind als solche Soldaten, Offiziere, Kommissare an den Fronten. ..., denn ganz Madrid ist Front, seine Straßen sind Schützengräben, seine Häuser Forts.[139]

Zur Bedeutung der kämpfenden Kulturschaffenden auf internationaler Ebene an der Seite des spanischen Volkes gibt Kantorowicz reichhaltige Einblicke. So wird dem Leser diesbezüglich die internationale Dimension des Unterstützerkreises präsent, wie aber im besonderen auch die der deutschsprachigen Kulturschaffenden. Mithilfs seines Tagebuchs lassen sich ganz persönliche Kontakte erarbeiten, die Kantorowicz allein durch seine Tätigkeiten mit der Waffe wie mit der Feder knüpfen konnte. Es finden sich darunter Schriftsteller, die gleichermaßen Bestandteil dieses Spanienbuches sind, wie auch solche, deren Werke verbunden mit ihrem Namen einen hohen Bekanntheitsgrad haben: Ernest Hemingway (S.109f.); George Orwell; Ludwig Renn (111f.); Egon Erwin Kisch (324ff.); Bodo Uhse (111f.); Hans Marchwitza (142ff.,224ff.), um nur die bekannteren zu nennen. Mit ihnen stand Kanto (so wurde er von seinen Camaradas genannt) schon vor, während und nach dem Krieg in Verbindung.[140] Einerseits sozusagen über die Feder, andererseits über die

---

[139] Ebenda, S.69

[140] Sie alle hatten nach dem Ende dieses Krieges durch die vom Völkerbund verordnete Auflösung der Interbrigaden und dem dann folgenden überfallenden finalen Sieg der faschistischen Putschisten in Katalonien,Spanien im Frühjahr 1939 verlassen müssen. Über die Flucht nach Frankreich, teils dortiger Internierung in den französischen KZ-Lagern trafen sie wieder zusammen, soweit keine Auslieferung über die kooperierende Vichy-Regierung nach Deutschland stattgefunden hatte.

Waffe in direktem Fronteinsatz. Interessant auch, dass in den Spanienbüchern gerade von Ludwig Renn, Bodo Uhse, Eduard Claudius und Gustav Regler sehr viele parallele Situationen, Orte, Frontabschnitte, Lebens- und Kampfumstände erzählt sind, deren gegenseitige Authentizität bestechend erscheint. An einem Beispiel sei das hier besonders ausgewiesen.
Es handelt sich um den Kampf um und die Eroberung von 'Villanueva de la Cañada' am 6.Juli 1937als einem Entscheidungskampf etwa 30 km westlich von Madrid.[141] Und es handelt sich um die zerstörte Kleinstadt 'Villanueva', nahe der Gerda Taro, die mutige Kriegsfotografin aus Leipzig, neben vielen Kämpfern ihr Leben verlor.[142]

Gegen Mitternacht bestätigt sich die Nachricht vom Fall der Festung Villanueva de la Cañada. Auch 'Tschapaiew' ist in den Ort eingedrungen. ... Man zählt bisher etwa achtzig Gefangene. Es liegen hunderte von Toten unter den Trümmern.... Villanueva ist genommen. Die Offensive geht weiter.[143]

Anschließend, im Juni/Juli 1940 von Marseille aus gelungenem Exodus in die USA, nach Mexiko oder in die Sowjetunion, war man zu Teilen wieder getrennt und zusammen.(Lektüre dazu findet sich auf der Seite der Gesellschaft für Exilforschung: www.exilforschung.de und im Literaturverzeichnis meines Buches: Roland Hoja, *Wartesäle der Poesie*. Schriftstellerinnen im Pariser Exil 1933-1941. Norderstedt 2016)
[141]Vgl.Ludwig Renn,*Im spanischen Krieg*.a.a.O.,S.92; Alfred Kantorowicz, ebenda.,S.437ff; Eduard Claudius, *Grüne Oliven und nackte Berge*,a.a.O.,S.121ff; Gustav Regler, *Das große Beispiel*, a.a.O., S.205f
[142]Vgl. Kap. IV./2.
[143]Kantorowicz, a.a.O., S.448ff

Tag und Nacht bombardierten die Francoflieger Villanueva de la Canada

Der Ort, zwei Tage nach der Einnahme durch uns. Abermals drei Tage später waren auch diese Trümmer nicht mehr sichtbar. Villanueva de la Canada war nur noch ein Schutthaufen

Bombardements auf die Ortschaft 'Villanueva de la Cañada', Gerda Taro (rh©copy2017)

Gleiches gilt bezogen auf den mörderischen Luftangriff am 26.April 1937 auf die baskische Stadt Gernika. Sie wurde von den deutschen 'Legion Condor'-Bombern vollständig zerstört, tausende Menschen waren getötet worden. Ein Ereignis im spanischen Krieg, das weltweit bis heute Symbol faschistischen Terrors und Mord an der Zivilbevölkerung ist. Und in der vorliegenden Lektüre mittels erschütternder Sprache erzählt wird.

Kommentar

Alfred Kantorowicz' Tagebuch über den spanischen Krieg liest sich in jeder Phase dokumentarisch-authentisch-chronologisch. Zeit- und Ortsangaben in Exaktheit unterstützen diesen Charakter. Geschuldet ist dies wohl seiner Funktion und der damit verbundenen militärischen Disziplin.Wie auch seiner Beauftragung durch die Kommandantur der Interbrigaden während der Verteidigung von Madrid.
Gut dargestellt trotz des sehr disziplinierten Schreibduktus, erscheint mir die Beweglichkeit und Empathie in der Schilderung einzelner Charaktere, die eben nicht nur Soldaten im gerechtfertigten bewaffneten Widerstand waren, sondern die darin steckenden politischen Menschen mit einer festen Überzeugung und vorbildlichen Haltung. Und deren Kontexte als Menschen solidarischen Handelns im 'WIR' an der Seite des spanischen Volkes. Zum Todesopfer für diese gerechte Sache scheinbar bereit. Auch Witz, Angst und Niedertracht bleiben nicht ungeschildert, beschreiben sie ja ausdrücklich und schließlich menschliche Eigenschaften, die weder durch eine politische Erziehung vor und während des Krieges schon wegen kommunistischer Überzeugung als überwunden scheinen.Die Veränderung des Denkens durch beständige (Um-) Erziehung und Bildung ist hier Thema wie die Technik des Kämpfens selbst. Einblick bekommt der Leser auch in die Kommando- und Befehlsstrukturen des 'Apparates', der oft sehr übergeordnet bürokratisch erscheint, wie eine gewisse Heroisierung des Kampfes, des Kämpfers, sogar des Leidens martialisch erscheint. Ungewohnt jedenfalls als Schreib- und Lesart im 21.Jh.

Notizen

- **Erich Weinert** (4.August 1890 in Magdeburg; † 20.April 1953 in Berlin)
  Die Fahne der Solidarität (Berlin 1953)
  Camaradas (Berlin 1960)
     darin: *Schlaflose Nacht in Barcelona*
     darin: *Die Tage von Belchite*

Erich Weinert war selbst Mitglied der Internationalen Brigaden. Als Kriegsberichterstatter von 1937-1939 unmittelbar an verschiedenen Frontabschnitten tätig. Er hatte sich mit diesen beiden Büchern zur Aufgabe gemacht, eine Sammlung zu erstellen, um mit den Augen anderer Autoren über den spanischen Krieg Zeugnis abzulegen und Erlebtes aus der Geschichte für die Zukunft zu vermitteln. Letzteres prägt den Charakter beider Schriften und begründet damit Sinn und Zweck dessen, wie bei den vielen anderen Autoren und dem Autor dieses Buches selbst. So finden sich in der »*Fahne der Solidarität*« Auszüge aus auch hier besprochenen und empfohlenen Werken solcher namhafter Autoren wie Bodo Uhse; Alfred Kantorowicz; Hans Marchwitza;Walter Gorrish; Egon Erwin Kisch; Ludwig Renn; Willi Bredel; Eduard Claudius und schließlich Erich Weinert selbst, dessen Erzählbericht *Schlaflose Nacht in Barcelona* hier exemplarisch für noch andere Eingang finden soll.
In seinem Vorwort (1953) verdeutlicht Erich Weinert einen weiteren Sinn seiner Sammlung. Nämlich bezüglich der verschiedenen Vorwürfe an solcherart Literatur, dass sie nämlich stark heroisiere wie gleichermaßen erzähle statt zu berichten, ob solch schon an sich heroischer Wirklichkeit.

> *Es könnte dennoch Leser geben, die, weil sie gewohnt sind, daß ihnen in der Kriegsliteratur übermenschliche Helden vorgeführt werden, auch die Autoren dieses Buches verdächtigen, zu heroisieren. Solchen Lesern sei erwidert, daß die nüchterne Wirklichkeit oft heroischer war als ihre dichterische Nachbildung.*[144]

Zur Bekräftigung dessen scheint mir der von Weinert zitierte Bericht eines Stabsoffiziers der XI. Brigade zur militärischen Lage von Bedeutung, weil er frei aller dichterischen Freiheit selbstredend Nüchternheit an den Tag legt:

> *Am 7. Januar, morgens neun Uhr, entbrannte das Gefecht. Dieser 7. Januar war der schwärzeste Tag der XI. Brigade während des ganzen Krieges in Spanien. In diesem Gefecht wurde das Thälmann-Bataillon*

---
[144]Erich Weinert, *Die Fahne der Solidarität*.Berlin 1953.S.12f

> *vollständig vernichtet, das Bataillon, welches vor drei Tagen drei faschistische Regimenter vernichtet hatte. Die Brigade sollte am 7.Januar um sieben Uhr früh einen Angriff auf die Höhe 700 mit Richtung Majadahonda machen, um Las Rozas, welches die Faschisten bereits besetzt hatten, wieder freizubekommen, da durch die Besetzung La Rozas durch die Faschisten die Eisenbahnlinien und Straßen Madrid-Guadarrama Gebirge unterbrochen waren. Die ganze Situation veränderte sich auf einmal, und anstatt daß die Brigade angriff, griffen die Faschisten mit großen Kräften an. ... Das Bataillon kämpfte in dieser verzweifelten Lage bis zum letzten Mann. ... so daß nur zwei Genossen vom ganzen Bataillon,was in Stellung lag, heil herauskamen.[145]*

Das zweite hier vorgelegte Buch, Camaradas , ist ebenfalls eine Sammlung. Darin stellt Weinert ausschließlich von ihm selbst verfasste Textdokumente in Poesie und Prosa zur Verfügung. In diesem Werk findet sich auch Weinerts' *Schlaflose Nacht in Barcelona*, wie auch das Erzähldokument *Die Tage von Belchite*, das an dieser Stelle ebenfalls exemplarisch vorgestellt wird.

Im Vorwort zu dieser Sammlung (1951) gelingt Weinert die Vermittlung des Charakters dieses Krieges und für den Leser nochmals zum Verständnis helfend die Rolle eines Schriftstellers als Polit- oder Kriegskommissar in den Freiwilligeneinheiten. Hierin auch nochmals sehr wichtig die ausdrückliche Begrüßung des 'II. Schriftstellerkongresses zur Verteidigung der Kultur' im Sommer 1937, dem in diesem Buch ein gesondertes Kapitel gewidmet ist.

zum Charakter des Krieges:

> *Nein, das war kein Bürgerkrieg; in einem solchen hätte die Republik in wenigen Wochen gesiegt, es war ein Aggressionskrieg gegen die Republik,an dem die Faschisten offen, die bürgerlichen Demokratien heimlich teilnahmen. Was die kapitalistischen Länder zu dieser Haltung gegenüber Spanien bewog, liegt auf der Hand. Sie sahen in einem Spanien, in welchem der linke Flügel so stark war, daß mit der Enteignung der Großkapitalisten und der Aufteilung der Latifundien gerechnet werden mußte, eine Gefahr. Denn eine Demokratie neuen Typus, deren erste Umrisse schon erkennbar wurden, trug sicher den Bolschewismus im Schoße. Dann schon lieber Faschismus![146]*

---
[145]Ebenda
[146]Erich Weinert, Camaradas,a.a.O.,S.8

zur Aufgabe des Schriftstellers:

Nach dem Kongreß meldete ich mich beim Oberkommando der Internationalen Brigaden zum Dienst an der Front. Mit meiner Verwendung in einer militärischen Funktion war man dort nicht einverstanden; es gäbe für einen Schriftsteller genügend Kulturarbeit an der Front und im Hinterland, auch wäre es notwendig, daß über diesen Krieg Bücher geschrieben würden von Dichtern und Reportern, die gleichzeitig militante Antifaschisten seien und keine gesinnungslosen Schlachtenbummler wie die bürgerlichen Büchermacher. ...
Ich erhielt die Qualifikation eines Mitarbeiters des Kriegskommissariats der elften Brigade, die zu dieser Zeit, nach schweren, verlustreichen Kämpfen bei Madrid in Ruhe lag. Als Kulturarbeiter hatte ich die Freiheit, mich überall umzusehen, wo ich es für meine Arbeit für dienlich hielt. Ich verbrachte die anderthalb Jahre bis zum Ende des Krieges teils an der Front, teils im Hinterland.
Zwei Aufgaben hatte ich mir gesetzt: mich der täglichen Propagandaarbeit für Front und Hinterland zu widmen und dem großen Erlebnis dieses Freiheitskrieges dichterischen Ausdruck zu geben.[147]

---

[147]Ebenda, S.10

Schlaflose Nacht in Barcelona

Kaum eingeschlafen, reißt das Brüllen der Bomben und der Luftabwehrbatterien dich wieder wach. Du schläfst nicht wieder ein. Und in diesem Zustand schwimmen deine Gedanken in der Dunkelheit und bilden alles wieder neu und hell, was in den Wirbeln der Tage, in der Fülle des Erlebten schon zu schattenhaften Erinnerungen verdämmert war. Und aus dem fluoreszierenden Flecken, der vor dem inneren Auge schwebt, werden Gesichter, Gesichte von Gesichtern, bekannte, geliebte Gesichter, die nun scharfe und lebensfarbige Gestalt gewinnen, so, als ob ein Projektionsbild auf der Leinwand allmählich scharf eingestellt wird.[148]

Erich Weinert versucht hier aus seiner traumatischen Befindlichkeit ob der gefallenen Brigadisten, die ganz aus seiner Nähe kamen, ein Gesicht zu geben. Er war ihnen schon vor dem Eintritt in diesen Krieg nahe begegnet. In Wien, Berlin und im Pariser Exil. Sie waren sich dort in unterschiedlichen Lebenszusammenhängen sehr nahe gewesen. Aber jetzt, zum Zeitpunkt des Schreibens, leben sie nicht mehr,wurden Opfer des Kampfes gegen den faschistischen Feind. Unterschiedliche Männer wechseln ihre Gesichter vom lebendigen in den toten Zustand. Der Tod ist ihnen gleich trotz ihrer einstigen Unterschiedlichkeit. Gefallene Camaradas *bei Quinto im Aragon, bei Teruel, am Ebro,in Katalonien ...*

Kommentar

Eindrucksvoll die Komposition dieses kurzen Erinnerungs- und Mahnungsstückes. Gerade weil die Schlaflosigkeit hier ein Symptom von unendlicher Trauer bedeutet. Das vergangene Leben seiner Camaradas war ein Stück seines eigenen, der Eintritt in die Brigaden ein gemeinsamer, die Kämpfe teilweise gemeinsame an gleichen und verschiedenen Fronten. Weinert gelingt eine ganz persönliche Darstellung der/dieser Kriegsfolgen. Er gibt sich nicht mit zählenden Folgen ab, sondern vielmehr ein- und nachdrücklich mit dem einzelnen Menschen im Mittelpunkt, der zudem noch Freund war, womöglich noch gestern an seiner Seite. Danke! Dies ist Mahnung, Ehrung und dient dem Nichtvergessen als Gestaltungsgrundlage für die Zukunft.

---

[148]Erich Weinert, *Camaradas*.a.a.O.,S.180

Die Tage von Belchite

Am 24. August (1937.rh) waren die republikanischen Brigaden überraschend über den Fluß vorgestoßen. Die Faschisten schossen in ihrer Konsternation wie die Teufel. Fliegerbomben und Geschosse donnerten auf beiden Seiten und machten die steinigen Höhen beben. Unsere Brigaden griffen hart an. Unsere altbewährte Elfte Internationale fegte wie ein Feuersturm die verschanzten Hänge von Quinto hinauf und entriß das Städtchen mit einem mächtigen Umfassungsstoß den Falangisten. Pina war ganz in unseren Händen, der Ebro bis hinauf nach Fuentes de Ebro befreit. Aber der Stoß nach Westen geht ohne Aufenthalt weiter. Zwischen der neuen Front und Zaragoza liegen die stark befestigten Orte Pueblo de Albortón, Belchite und Mediana. Diese letzte Stellung Francos muß zerschlagen werden, damit die in Zaragoza unseren Atem spüren.[149]

Wir lesen hier von den Kampfhandlungen der XI. Brigade am Ebro und vom Ziel dieser Operation, die sich bis zum 7.September erstreckten. Wichtig zum Verständnis der Umstände des Angriffs vermittelt er darüber hinaus Informationen über die herrschende Gluthitze zu dieser Zeit, den unsäglichen Staub, die Entkräftung der *Brigadistas* durch Staub, Durst und Hunger. Es wird plastisch deutlich, dass eben nicht allein militärische Kraft Erfolg oder Misserfolg bedingen, sondern ganz extrem eben auch Klima- und Versorgungsbedingungen, deren Organisation tatsächlich nicht der freien Entscheidung unterliegt, sondern der gegebenen Zwangssituation. Die wiederum seitens der faschistischen Putschisten besser beherrschbar erschien wegen massiver technisch-logistischer Unterstützung von Seiten Italiens und Deutschlands.

In glühender Sonne mußte unsere Infanterie gegen die Stellungen vorspringen, fast ohne Deckungen, erstickt vom Staub, vor Durst erschöpft. ... Der Tag geht zu Ende. Mit Mühe gelingt es, den Küchenwagen so weit vorzuschieben, daß es etwas zu essen geben kann. Aber das gelingt nicht immer. Oft muß der Sturm weitergehen, ohne Wasser und Essen.[150]

---

[149]*Camaradas.*a.a.O.,S.88
[150]Ebenda

Dennoch, nach tagelangen Kämpfen gelingt es der XI. und XV. Brigade Belchite Haus für Haus einzunehmen, - bis zur Meldung:

Belchite unser![151]

Da es sich um einen unmittelbaren Bericht handelt, erfährt der Leser vom härtest erkämpften Erfolg. Gleichermaßen aber auch von den ungeheuerlichen Lebensverlusten und Totalzerstörungen der lebensnotwendigen Inftrastruktur des ehemals intakten Ortes Belchite durch den massiven finalen Bombereinsatz der nationalfaschistischen Fliegerstaffeln.

Kommentar

Der kurze Erzählbericht von Weinert ist in verschiedener Hinsicht bedeutsam. Er entstand zeitgleich mit den Kämpfen selbst, wie er deren Ziel formuliert, während deren Ausgang erst im Verlauf erkennbar wird.

Das steht für eine schreckliche Authentizität, die nochmals verdeutlicht, mit welchen Kriegszuständen die Freiwilligen hier konfrontiert waren. Umso mehr, als es um die Verteidigung der legitimen Spanischen Republik zu tun ging. Kein einziger freiwilliger Brigadist, keine Ortschaft mit ihren Einwohnern allein um eines Krieges Willen kämpfte und sich verteidigte. Weiterhin findet der kurze Bericht seine Bedeutung im Umfeld anderer Erzählungen, die hier behandelt werden und die *'die Tage von Belchite'* in einen ebenso berichtend würdigenden Rahmen stellen.[152]

---

[151]Ebenda,S.90
[152]Vgl. Bredel, Kantorowicz, Claudius, Regler u. Renn. a.a.O.

- **Ernest Hemingway** (21. Juli 1899 Oak Park/Illinois; † 2. Juli 1961 Ketchum/Idaho)
Wem die Stunde schlägt (New York 1940)

Ein junger amerikanischer Journalist, Robert Jordan, genannt der ‚Inglés', die Freiheit als solche, die Freiheit des spanischen Volkes und Spanien liebend, kämpft an der Seite der republikanischen Volksarmee. Mit dem Auftrag, im kastilischen Hochland eine strategisch bedeutsame Brücke, die als Glied einer feindlichen Versorgungsroute nach Segovia dient, zu sprengen.

Er wußte, wie man Brücken sprengt. Brücken jeder erdenklichen Art, und er hatte ihrer eine Unzahl gesprengt, Brücken von jeglicher Konstellation und Größe.[153]

Dieser Auftrag seitens eines, diesen Frontabschnitt befehligenden sowjetischen Generals als Teil einer Internationalen Brigade, die Vorbereitungen bis zur letztendlichen Sprengung, bilden den erzählerischen Rahmen (4Tage) des Romans. Darin verknüpfen sich ganz individuell subjektive Verhaltensweisen des Amerikaners, wie auch die der beteiligten spanischen Partisanengruppe, an deren Seite er entschlossen kämpft. Wie eben auch deren berechtigte Lebensängste, heroischer Tatendrang, Einzelkämpfertum und zeitweilige Alkoholexesse. Auch eine berührende Liebesgeschichte zwischen dem Protagonisten Robert Jordan und dem jungen Mädchen Maria verlangt nach Verständnis und empathischer Einfühlung, gerade weil Maria Opfer faschistisch männlicher Gewalt geworden war, die vielfache Ängste vor Männern erzeugt hatte.
Aber eben auch deutlichst unmissverständlich die objektivierte Notwendigkeit des Kampfes gegen den faschistischen inneren Aggressor wie gegen dessen hauptsächlich deutsche und italienische äußere Unterstützung 1937-1939. Erzählt wird von der Unausweichlichkeit der Verteidigung der Republik mit der Waffe in der Hand. Wie auch gleichermaßen verdeutlicht wird, dass keiner der dort Kämpfenden Krieg und das ‚Soldatsein' an sich befürwortet, aber durch den faschistischen Terror gegen das eigene Volk sich dadurch begründet sieht.

Wenn ich doch bloß wieder in meinem Haus säße und dieser Krieg vorüber wäre! ... Wir müssen diesen Krieg gewinnen, bevor du jemals wieder in dein Haus zurückkehren kannst.[154]

---

[153]Ernest Hemingway, *Wem die Stunde schlägt*,a.a.O.,S.11
[154]Ebenda,S.229

In Otero, in jener Nacht, hatte er zum erstenmal einen Menschen getötet (einen faschistischen Posten), und er hoffte, er würde bei der bevorstehenden Aufgabe nicht wieder einen Menschen töten müssen. (Anselmo, der Alte,rh)[155]
Das Morden ist nötig, ich weiß es, aber trotzdem bekommt es den Menschen schlecht, ... ,damit wir alle uns reinwaschen können. (Anselmo, der Alte,rh)[156]

Erzählt wird in sehr literarisch-dramatischer Sprache das unmenschliche Kriegsgeschehen im Kampf *Mann gegen Mann* aus den *Schutzlöchern* heraus, wie über die faschistischen Massenbombardements der *Heinkel* und *Fiats* auf Madrid und die republikanischen Stellungen im kastilischen Hochland.

Dreimal kehrten die Flugzeuge zurück und bombardierten den Gipfel des Hügels, aber die auf dem Hügel wußten nichts mehr davon. Dann bestrichen sie den Gipfel mit Maschinengewehrfeuer und flogen weg.[157]

Erzählt wird eindrucksvoll von der solidarischen Kameradschaft der gemeinsam kämpfenden *Camaradas* in ihren *Erdhöhlen*, ihrem Hass auf die faschistischen Horden, damit der Bedrohung ihres Lebens in der Republik und letztlich von der erfolgreichen Sprengung des Brückenkopfes.[158] Ein zunächst siegreicher Erfolg, der dem republikanischen Volksheer den Vorstoß auf das noch feindlich besetzte Segovia ermöglichen würde.
Der Guerillagruppe um Robert Jordan und Pablo kostete dieser Erfolg allerdings auch das Leben einiger *Camaradas*. Der Rückzug dieser Restgruppe nach dem Ort *La Granja* wird dann leider auch durch eine massive Granatsplitterverletzung des Protagonisten getrübt, der zurückbleiben will, um den Rückzug seiner Gruppe nicht zusätzlich zu gefährden. Hier schließt die Erzählung selbst und der Rahmen der Handlung, indem sie an die Anfangssituation, die gleichzeitig den Ort der Handlung beschreibt, anschließt.

---

[155]Ebenda,S.228
[156]Ebenda,S.231
[157]Ebenda,S.518
[158]Vgl.ebenda,S.517

Er lag der Länge nach auf dem braunen, nadelbedeckten Boden des Waldes. ... Dort, wo er lag, ging es sanft bergab ... in der Tiefe des Passes sah er eine Mühle am Ufer und die stürzenden Wasser des Dammes ... Er wartete, daß der (feindliche, rh) *Offizier den sonnigen Waldrand erreichte, wo der grüne Wiesenhang an die ersten Kiefern grenzte. Er fühlte das Pochen seines Herzens an dem Nadelboden des Waldes.*[159]

- Historisch-literarisch scheinen mir zwei Seiten hervorhebenswert:

Im Mittelteil des Romans denkt der Protagonist rückblickend an den Kampf um Madrid (1937,S.272ff). Dadurch gelingt es Hemingway direkte und indirekte Verbindungen herzustellen zu den Teilen der Internationalen Brigaden und deren internationalen wie deutschen Schriftsteller-Brigadisten (Willi Bredel, Ludwig Renn, Hans Marchwitza, Alfred Kantorowicz, Eduard Claudius, Gustav Regler u.a), von denen es dann auch deutlich heißt: *Sie waren Kommunisten und strenge Zuchtmeister.*[160] So wird hier von Ereignissen erzählt, die in den Werken der solidarisch kämpfenden Schriftsteller-Brigadisten innerhalb der Internationalen Brigaden ebenso wieder auffindbar sind. Beispielsweise eine Unterredung in Madrid mit dem sowjetischen Divisionsbefehlshaber *Karkow* (alias M. Kolzow, sowjetischer Journalist im Range eines Kommandeurs) über die Bedingungen dieses Krieges. Woraufhin Hemingway seinen Protagonisten Robert Jordan denken lässt, was er selbst als Kriegsberichterstatter mit dem vorliegenden Roman tatsächlich geleistet hat:

Gut. Wenn er diesen Krieg hinter sich hat, wird er ein Buch schreiben. Aber nur über die Dinge, die er wirklich kennt, über das, was er wirklich weiß. Aber, dachte er, um damit fertig zu werden, muß ich besser schreiben als jetzt. Was er in diesem Krieg kennengelernt hat, das ist nicht einfach zu beschreiben.[161]

---

[159]Ebenda,S.544
[160]Ebenda,S.273
[161]Ebenda,S.290

Im ‚Spanischen Kriegstagebuch[162] von Alfred Kantorowicz (aktiv als Informationsoffizier und Politkommissar im ‚Tschapaiew-Bataillon' der XIII. Internationalen Brigade 1936-1937) lesen wir über Begegnungen mit Hemingway in Madrid. Darin verdeutlicht sich die Anerkennung für dessen selbstlos-solidarischen Einsatz auf Seiten der Spanischen Republik, wie aber auch seiner in Teilen individuellbürgerlich erscheinenden Lebensweise im Madrider Sterne-Hotel ‚Florida' oder im Gutshof des Schlosses 'Moraleja', wo mehrheitlich intellektuelle *Brigadistas* untergebracht waren.

Es war gegen zwei Uhr, als Dr. Heilbrunn nach dem Verbleib von Hemingway zu forschen begann, der irgendwo im Haus sein sollte. ... und fanden ihn endlich, fest schlafend auf einem Operationstisch. Als wir ihn mühselig wachgerüttelt hatten, verlangte er schmollend nach Whisky: „Let's have a drink."[163]

Ernest Hemingway mit Joris Ivens (li) und Ludwig Renn (re) 1937. (rh©copy2017)

---

[162] Alfred Kantorowicz, *Spanisches (Kriegs)Tagebuch*. Berlin 1948
[163] Ebenda, S.109

Ich hatte Hemingway, dessen Bücher ich liebe, persönlich nicht gekannt. Mein erster Eindruck von ihm war; ein Urvieh mit Sensibilität. ... Es scheint kein Zweifel erlaubt, daß er sich während seines Hierseins mit der Sache des Freiheitskampfes aufs innigste identifiziert hat, vom Korrespondenten zum Mitkämpfer geworden ist.[164]

Ernest Hemingway (li) mit Hans Kahle und Ludwig Renn (re) 1937. (rh©copy2017)

---

[164]Ebenda,S.110

Kommentar

In gewohnt lebendiger sprachlicher Virtuosität gelingt es Hemingway, an einem Ausschnitt die Gesamtheit des Spanischen Bürgerkrieges eindrucksvoll zu erzählen. Die kleine Gruppe der Guerilleros im kastilischen Hochland avanciert zu einem wesentlichen Faktor der gesamten Widerstandsfront gegen die faschistischen Kontras. Dabei gelingt es ihm gut, die Widersprüche der Einzelnen zueinander und zum umfassenden Gewaltsystem des Faschismus aufzuzeigen, um letztendlich immer wieder das gemeinsame Ziel, nämlich die Verteidigung der Republik und den gemeinsamen gerechten Widerstandskampf herauszustellen. Auch Perspektivenwechsel erweisen sich lesenswert, wenn er beispielsweise die Unterhaltungen der gegnerischen Milizionäre erzählt, woraus sich erklärt, dass auch sie nur *Söhne aus dem Volk, arme Teufel* sind, die sich allerdings zu dieser Zeit dem faschistischen Prinzip von Befehl und Gehorsam verdingen.

Ernest Hemingway hatte sich selbst vom August 1937 bis zum März 1939 in Madrid, Barcelona und an der kastilischen Front als Kriegsberichterstatter für die nordamerikanische Zeitung '*North American Newspaper Alliance*' aufgehalten.

Aus dieser Perspektive schrieb er gemäß der Schreibgedanken seines Protagonisten Robert Jordan kenntnisreich diesen Roman. Als bürgerlich-demokratischer Freigeist mit dem revolutionären Widerstand unwidersprochen sympathisierend. Eine klassenbezogene Analyse des Faschismus und des Widerstandes gegen den ihm zugrunde liegenden Kapitalismus/Imperialismus wurde ihm daher nicht möglich.

Hemingway schuf dennoch ein zeitbezogenes Romandokument, dessen Authentizität und Parteilichkeit überzeugt, wie es permanent Lesemotivation schafft.

2. Bildbegegnungen
Fotografie als Abbild spanischer Wirklichkeiten

Gerda Taro & Robert Capa[165]

Inwieweit Gerda Taros' fotografische Berichte nicht allein den aktuellen Kriegsereignissen an der spanischen Front geschuldet sind, sondern gleichermaßen ihrer grundsätzlichen Haltung für die Sache der Republik gegen Faschismus und der Situation eigenen Exils[166], erscheint im Licht ihrer couragierten und unermüdlichen Arbeit. Fast ein Jahr lang, nach dem Eintreffen in Barcelona am 5. August 1936 dokumentierte sie diesen Frontenkrieg innerhalb des spanischen Mutterlandes bis zu ihrem tragischen Tod am 25. Juli 1937 an der sogenannten 'Brunete-Front'.Diese Zeit zeichnete sich durch erfolgreichen Widerstand gegen die faschistischen Putschisten aus wie sie gleichermaßen zur Aufstellung der Internationalen Brigaden ('Brigadas Internacionales') als reguläre militärische Einheiten der Spanischen Volksarmee führte. Gerda Taro und Robert Capa als Bildjournalisten[167], sahen sich verpflichtet, der Welt Bilddokumente zu präsentieren, die von ihrem parteilichen Standpunkt für die Republik das mörderische Grauen des Krieges vorführten und weiter den damit verbundenen gerechten Kampf mit der Waffe für Frieden und Demokratie.

Nämlich als Kampf der spanischen Arbeiter, Bauern, Soldaten und Intellektuellen in Vereinigung mit solchen Unterstützern auf internationaler Ebene.Somit war auch klar, dass fotografische Dokumentationen sich nicht auf die Anwesenheit in Madrid, Valencia oder Barcelona beschränken konnten, sondern an vorderster Front im Kampf und inmitten des Lebens der Freiheitskämpfer und hauptsächlich der bäuerlichen Bevölkerung. Gleichviel die jeweilige geografische Lage in den Sierras, den Küstengebieten und Steppen, die besonderen Herausforderungen in Verbindung mit extremen Wetterlagen im Sommer wie im Winter von ihnen mutig überzeugte Präsenz erzwang. Wirklich vorbereitet darauf waren weder Brigadisten noch Reporter.[168]

---

[165]Irme Schaber, *Gerta Taro: Fotoreporterin im spanischen Bürgerkrieg. Eine Biografie.* Marburg 1995
[166]Vgl. Irme Schaber, *Hoffnung und Zeugenschaft.* In: Krohn (Hg), *Autobiografie und wissenschaftliche Biografik.* München 2005, S.211
[167]Über Robert Capa wird hier nicht die Rede sein (vgl. dazu: Whelan, Richard, *Die Wahrheit ist das beste Bild.* Robert Capa. Köln 1989
[168]Vgl. dazu Kap. IV/1.

Taro richtete ihre Kamera auf Zerstörungen, Leiden, Flucht und Tod, auf die Lebenszusammenhänge aus der Mitte der verbliebenen Bevölkerung.

Bauern, Campesinos, Companeros, Gerda Taro (rh©copy2017)

Sie richtete die Kamera auf unfassbare Kampfhandlungen, Offensiven gegen und Rückzüge vor den feindlichen Aufständischen. Gerade auch zu den Zeitpunkten als italienische Fiat-Bomber und deutsche Heinkel-Sturzkampfbomber als Teile der faschistischen'Legion Condor' Städte, Dörfer,[169] Landstriche, republikanische Kampfeinheiten und flüchtende Menschen in bisher ungekanntem Ausmaß zerbombten.

---

[169]Vgl. Kap.IV/1.

Wolfram von Richthofen als Stabschef der 'Legion Condor' notierte dazu in seinem Tagebuch:

Unzählige rote Gefallene, die bereits in der Wüstenhitze verwesen. Überall rote zerschossene Tanks dazwischen. Ein tolles Bild! ... Die 250er (Heinkel,rh) warfen eine Anzahl Häuser um und zerstörten die Wasserleitung. Die Brandbomben hatten nun Zeit, sich zu entfalten und zu wirken. Die Bauart der Häuser: Ziegeldächer, Holzgalerie und Holzfachwerkhäuser, führte zur völligen Vernichtung .... Bombenlöcher auf Straßen noch zu sehen, einfach toll.[170]

Diese Aussage entspricht wohl tatsächlich dem Hirn eines überzeugten und so kommandierenden Nazi-Piloten der 'Legion Condor' in der vorfindbaren Realität des Krieges.

Gerda Taros Fotodokumente zeigen genau das nicht. Einmal war es tatsächlich für sie technisch und menschlich nicht möglich so zu sehen. Zum anderen aber, und das scheint mir wesentlicher, sinngebender, war es so nicht gewollt. Keines ihrer Fotos zeigt massenhaftes Hinmorden und -Sterben auf dem Schlachtfeld oder in Gräben. (Allein in der Bruneteschlacht starben auf republikanischer Seite 25-tausend Kämpfer, auf der nationalistisch-faschistischen 17-tausend!)

Gerda Taro wollte keine propagandistisch zu verwertende Massenabschlachtung in Anonymität dokumentieren, sondern ganz nach der Vorstellung und dem Diktum Capas *'nah ran"*, um gute Bilder zu haben, aber in Würde und Solidarität gegenüber und mit den betroffenen einzelnen Menschen. Das Bild sollte keinen Blickwinkel aus sicherer Distanz vermitteln, es sollte die Fotografin selbst als Teilnehmende erfahrbar machen. Was durch punktuelle Unschärfen teilweise auch verdeutlicht werden konnte.[171]

Die Endgültigkeit des Todes.
Und dieser ereilte auch Gerda Taro viel zu früh. Sie hatte gerade mit einer Fotoreportage bewiesen, dass die republikanischen Truppen Anfang Juli 1937 sehr wohl in einem Entlastungsangriff den Ort Brunete nahe Madrid erobert hatten, als sie am 25. Juli unter Dauerbeschuss der 'Legion Condor' bei einem panischen Rückzug der

---

[170]Tagebuch von Wolfram von Richthofen.Zitiert nach Hubert Brieden, Heidi Dettinger, Marion Hirschfeld: „Ein voller Erfolg der Luftwaffe" – Die Vernichtung Guernicas und deutsche Traditionspflege, Nördlingen, 1997, S. 72.Vgl. dazu auch: Bodo Uhse, *Leutnant Bertram*.S.420ff
[171]Auch wurden Szenen des Krieges inszeniert, um individuelles Leid überhaupt darstellen zu können. Das stieß natürlich in mancher Rezension auf Ablehnung. Realität des Krieges sei in der Bildsprache sich selbst mehr als genug, dies sei Manipulation um des parteilichen Effektes willen.

national-faschistischen Truppen auf dem Trittbrett eines republikanischen Autos von einem ausbrechenden Panzer aus den eigenen Reihen erfasst und überrollt wurde. Sie starb am nächsten Morgen, einen Tag vor ihrem 27. Geburtstag und als erste Kriegsfotografin überhaupt. [172]

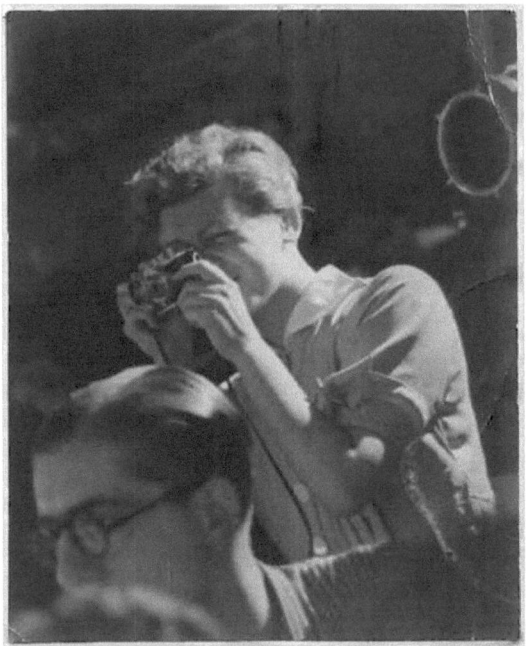

Gerda Taro 1937 (rh©copy2017)

---

[172]Verwiesen sei an dieser Stelle zur weiteren Beschäftigung mit Bildreportagen zu sozial-revolutionäre Bewegungen im ersten Drittel des 20.Jh auf Tina Modotti (16.August 1896 in Udine,Italien;† 6.Januar 1942 in Mexiko-Stadt)

Die Thälmann-Kolonne

Spaniens Himmel breitet seine Sterne
Über unsre Schützengräben aus.
Und der Morgen grüßt schon aus der Ferne,
Bald geht es zu neuem Kampf hinaus.

Die Heimat ist weit,
Doch wir sind bereit.
Wir kämpfen und siegen
Für Dich: Freiheit!

Dem Faschisten werden wir nicht weichen,
Schickt er auch die Kugeln hageldicht.
Mit uns stehn Kameraden ohnegleichen,
Und ein Rückwärts gibt es für uns nicht.

Die Heimat ist weit,
Doch wir sind bereit.
Wir kämpfen und siegen
Für Dich: Freiheit!

Rührt die Trommel! Fällt die Bajonette!
Vorwärts, marsch! Der Sieg ist unser Lohn!
Mit der Freiheitsfahne brecht die Kette!
Auf zum Kampf, das Thälmann-Bataillon.

Die Heimat ist weit.
Doch wir sind bereit.
Wir kämpfen und siegen
(spätere Fassung: *Wir kämpfen und sterben*)
Für Dich: Freiheit![173]

Text: Gudrun Kabisch
Musik: Paul Dessau

---

[173]Zitiert nach Ernst Busch (Hrsg.): *Canciones de las Brigadas Internacionales.*(5. Aufl.) Barcelona 1938, S. 32.

Notizen

V.

Zusammenfassung und Ausblick

Diese kleine Sammlung ist überschrieben mit dem Ruf: *Viva la Vida* ! Es war der Ruf der spanischen und internationalen Kämpfer in den Reihen der spanischen Volksarmee. Neben solchen wie *Salud y Victoria* und *No Pasarán*. Es waren nicht nur Rufe, um die bevorstehenden Kämpfe mutig einzuleiten, es waren auch die Rufe in den Kämpfen selbst gegen die nationalistisch-faschistischen Aufständischen unter Franco. Es waren die Rufe, die noch viel mehr ausdrücken sollten als nur den Aufruf zur Schlacht. Es waren die Rufe der Menschen, die bereit waren für die legitime Spanische Republik in den Krieg zu ziehen. Nicht um dessen Willen, Kriege lehnten sie ab, wie sie auch das Soldatsein ablehnten. Aber aus der tiefen Überzeugung, dass diese republikanische Gesellschafts- und Regierungsform seit Einrichtung im April 1931 eine demokratische sei, welche die Sehnsucht nach Humanität, Freiheit, Solidarität, Gleichheit und ein gutes Leben für das Volk ermögliche.[174]

Wir lesen in den Begegnungen mit der Literatur aus dem spanischen Krieg genau davon auf unterschiedlichen Ebenen und in unterschiedlicher Intensität. Ein weiteres Beispiel in Einfachheit und großer Aussagekraft sei hier zitiert:

... denn jeder von uns sehnt sich nach dem Feuer in der Küche. Unsere Härte hat etwas von Notwehr an sich, wir haben ja unsere Küche verloren. Wir haben alles verloren, was den gewöhnlichen Menschen ausmacht.
Eine Küche, ein Bett, die Frau, die irgendwo lebt, aber wir haben doch etwas gewonnen, was den Menschen erst ausmacht:
den Willen zum unerbittlichen Kampf.[175]

---

[174]Die Diskussion darüber, inwieweit dieser Regierungsform bereits bei Gründung diese Möglichkeiten genommen waren, soll hier nicht geführt werden. Dennoch ist der Hinweis sinnvoll, dass der Autor zwar diese Entwicklungsstufe aus der halbfeudal-monarchistischen Diktatur als Erfolg betrachtet.Dennoch eine befreite Gesellschaft sich noch nicht entwickeln konnte, weil die Gebundenheiten an alte Strukturen der Macht real und im Denken noch vorherrschend waren, während die neuen Gebundenheiten an die kapitalistische Systematik als modern-fortschrittlich für ein 'Entwicklungsland' wie Spanien es war,verbreitete Auffassung fanden. Eine Revolution der Ökonomie und der Köpfe wäre parallel nötig gewesen,was auch in Teilen geschah. Der notwendige antifaschistische Kampf und das damit verbundene menschliche Leid und Opfer ließ diese Perpektive zu diesem Zeitpunkt noch nicht zu.
[175]Eduard Claudius, *Oliven*, a.a.O., S.238f

13.April 1931: Spanien votiert für die Republik (rh©copy2017)

120´

Insgesamt findet sich in den Romanen, Romandokumenten, Reportageerzählungen und Erzählungen durchgehend die Sehnsucht nach dem *Feuer in der Küche*, nach menschlicher Wärme gegen Härte und die Bewusstheit darüber, dass hier einem Volk kämpfender Widerstand aufgezwungen wurde, um die Menschlichkeit nicht Preis zu geben. Eher das eigene Leben zu opfern, um die Menschlichkeit zu retten und wieder herzustellen.

Oft auch unmittelbar in den Infrastrukturen der Schlacht- und Kampfereignisse das wachsende Bewußtsein, Bildung sei Waffe. Wie gleichermaßen bei Intellektuellen das fortschrittliche Denken, die Feder des Schriftstellers sei Waffe im Widerstand gleich einer Waffe selbst.

Gleichzeitig das wichtige Gut der Solidarität, nicht nur im konkreten Kampf, sondern der Menschen so unterschiedlicher Art in ihren Beziehungsstrukturen an den einzelnen Fronten. Das beeindruckt in dieser Literatur. Gerade dort, wo eine Authentizität lesbar ist, die nicht allein aus der örtlichen Präsenz resultiert, sondern aus der Sprache des jeweiligen Textes.

Man wird die sprachlich-stilistischen Unterschiede erkennen, geübte Autoren und Schriftsteller identifizieren, auch unterschiedlich begeistert auf- und annehmen, ja. Kein Text wird damit minderwertiger als ein anderer, vielmehr auf andere und in anderer Weise bedeutsam. Bedeutsam nämlich in der Sache, für die er verfasst worden ist.

Ich meine, bürgerliche Wissenschaften vom Schreiben werden sehr wohl das literarische Korn von der Spreu trennen wollen, werden diese Literaturbegegnungen akademisch betreiben und entwerten, sofern es sich nicht um große Schriftsteller wie Hemingway, Brecht, Renn, Kisch, Kesten, Kantorowicz oder Regler handelt. Dem Autor war es hier darum zu tun, die Erinnerung wach zu halten, diese Schriftzeugnisse dokumentierend einem Publikum im 21.Jahrhundert, 80 Jahre danach, vorzustellen oder wieder vorzustellen.Wir gestalten unsere Zukunft immer mit dem Blick in die Geschichte, wir stellen dabei fest, dass es immer wieder solche oder andere Kriege gibt, auf die wir mit Widerstand antworten müssen.

Ja, müssen, weil eine Antikriegsgeneration nicht entwickelt werden kann, wenn Vernichtungskriege weiterhin als unumwunden notwendig propagiert werden.Wenn Bundestagsparteien immer wieder Kriegseinsätze und 'Militärhaushalte' aus scheinbarer 'Notwendigkeit' immer wieder befürworten.

Ein Paradigmenwechsel im Denken und Tun ist nötig, nämlich endlich den Mensch in den Mittelpunkt zu stellen. Die kapitalistischen und imperialistischen Weltsysteme in den Fokus zu stellen als ursächliche Bedingungen, die die weitere menschliche Entwicklung verhindern. Sie dienen weiterhin nicht den Völkern der Erde, obwohl sie global und International über die ausgereiftesten Produktivkräfte zum Wohle der Menscheit verfügen. Die Zeit wäre reif und möglich für ein **Buen Vivir**!

Viva la Vida

Literatur (weiterführend)

Abel, Werner; Hilbert, Enrico
»Sie werden nicht durchkommen« Deutsche an der Seite der Spanischen Republik und der sozialen Revolution
Lich (2Bde) 2015 u. 2016
Arnold, Heinz Ludwig (Hrsg.)
Deutsche Literatur im Exil 1933-1945. Bde. I/II.
Frankfurt a.m. 1974
Astre, Georges-Albert
Ernest Hemingway
In Selbstzeugnissen und Bilddokumenten
Reinbek bei Hamburg 1961
Barckhausen, Christiane
Tina Modotti. *Den Mond in drei Teile teilen*
Berlin 2012
Berg, Angela
Die Internationalen Brigaden im Spanischen Bürgerkrieg 1936-1939
Essen 2005
Bohnen, Klaus (Hrg.)
Brechts Gewehre der Frau Carrar
Frankfurt a. M. 1982
Eisenberg, Götz
»Es ist besser, stehend zu sterben, als kniend zu leben! *No pasarán!*«
Gießen 2016
Feuchtwanger, Lion
Moskau 1937. Ein Reisebericht für meine Freunde.
Berlin 1993
Hackl, Erich (Hrg.)
So weit uns Spaniens Hoffnung trug
Erzählungen und Berichte aus dem Spanischen Bürgerkrieg
Zürich 2016
Hansen, Ulf
Die Darstellung des Spanischen Bürgerkrieges in der deutschen Exilliteratur. (Unveröffentlichte Magisterarbeit)
Kiel 1984. S.93.
Hegel, Georg Wilhelm Friedrich
Vorlesungen über die Ästhetik I-III
Stuttgart 1984
Hermsdorf, Klaus u.a.
Exil in den Niederlanden und in Spanien
Leipzig 198

Hoja, Roland
Wartesäle der Poesie. Schriftstellerinnen im Pariser Exil 1933-1941
Norderstedt 2016
Hommel, Klaus
Die Internationalen Brigaden im Spanischen Bürgerkrieg
Regensburg 1990
Jaenecke, Heinrich
Es lebe der Tod. Die Tragödie des spanischen Bürgerkrieges.
Hamburg 1980
Jasper, Willi
Hotel Lutezia
Ein deutsches Exil in Paris
München. Wien 1994
Kershaw, Alex
Robert Capa
Der Fotograf des Krieges
Berlin 2004
Kesting, Marianne
Bertolt Brecht
In Selbstzeugnissen und Bilddokumenten
Reinbek bei Hamburg 1959
Kinder, Hermann/Hilgemann, Werner/Hergt, Manfred (Hg.)
dtv-Atlas Weltgeschichte. Bde. 2
München 2009 (40.A.)
Kornmeier, Barbara
„Menschheit an Dich geht der Rat"
Kunst und Propaganda im Spanischen Bürgerkrieg
In: Magazin. Mitteilungen des Deutschen Historischen Museums
(9.Jg.Heft 23)
Lenz, Siegfried
Elfenbeinturm und Barrikade. Erfahrungen am Schreibtisch
Hamburg 1983.
Longo, Luigi
Die Internationalen Brigaden in Spanien
Berlin 1958
Mallmann, Klaus-Michael/Gerhard, Paul
Milieus und Widerstand
Eine Verhaltendgeschichte der Gesellschaft im Nationalsozialismus
Bonn 1995
Merin, Peter
Spanien zwischen Tod und Geburt
Zürich 1937
Mittenzwei, Werner
Bertolt Brecht oder der Umgang mit den Welträtseln
2Bde. Berlin und Weimar 1986

Mühlen, Patrick von zur
Spanien war ihre Hoffnung
Die deutsche Linke im Spanischen Bürgerkrieg
Bonn 1983
Nickel, Ingeborg
Zur Rolle der spanischen Schriftsteller
Erlangen o.A
Paucker, Henri R. (Hrsg.)
Die deutsche Literatur in Text und Darstellung
Neue Sachlichkeit. Literatur im >Dritten Reich< und im Exil
Stuttgart 1976
Schaber, Irme
Gerta Taro: Fotoreporterin im spanischen Bürgerkrieg
Eine Biografie
Marburg 1995
Seghers, Anna
Zum Schriftsteller-Kongreß in Madrid
in: Die Internationale, 1937, H 5/6
Stefanoni, Andreas
Die erinnerte Insel
aus dem argentinischen Spanisch von Birgit Weilguny
Wien 2016
Whelan, Richard
Die Wahrheit ist das beste Bild.
Robert Capa, Photograph
Köln 1989
Winckler, Michael (Hrsg.)
Deutsche Literatur im Exil 1933-1945
Texte und Dokumente
Stuttgart 1997

im Film:
http://www.arte.tv/guide/de/058378-000-A/vom-kaempfen-und-sterben-der-internationalen-brigaden

im Internet:
http://archivo.ayto-arganda.es/Vermas/FallecidosBatalladelJarama.aspx

Literatur (dokumentierend)

Becher, Johannes R.
Romane in Versen
Berlin 1946
Brandt, Willi
Ein Jahr Krieg und Revolution in Spanien (1937)
Frankfurter Hefte (1) 1987
Brecht, Bertolt
Die Gewehre der Frau Carrar
(1937) Frankfurt a.M. 1957
Bredel, Willi
Begegnung am Ebro
Paris 1939 (Neuauflage)
Claudius, Eduard
Grüne Oliven und nackte Berge
München 1976
Gorrish, Walter
Um Spaniens Freiheit
Köln 1977
Hemingway, Ernest
Wem die Stunde schlägt
dt. Ausgabe Frankfurt a. Main 1955
Ibárruri, Dolores
Der einzige Weg
Berlin 1964
Kantorowicz, Alfred
„Tschapaiew" Das Bataillon der 21 Nationen
Dargestellt in Aufzeichnungen seiner Mitkämpfer
Madrid 1938/Berlin 1956 (Neuauflage)
Kantorowicz, Alfred
Spanisches Tagebuch
Berlin 1948
Kantorowicz, Alfred
Exil in Frankreich
Merkwürdigkeiten und Denkwürdigkeiten
Hamburg 1983
Kesten, Hermann
Die Kinder von Gernika
Leipzig 1985
Kisch, Egon Erwin
Die drei Kühe
in: Erich Weinert (Hrsg.), Die Fahne der Solidarität (a.a.O.)
Berlin 1953

Kisch, Egon Erwin
Soldaten am Meeresstrand
Valencia 1938 (Microfilm DNB)
Kolzow, Michail
Spanisches Tagebuch
Berlin 1986
Kurella, Alfred
Wo liegt Madrid?
Kiew 1939/Berlin 1956
Marchwitza, Hans
Araganda
in: Hans Marchwitza, *Unter uns.* Erzählungen
Berlin 1950
Olden, Balder
Paradiese des Teufels
Biographisches und Autobiographisches
Schriften und Briefe aus dem Exil
Berlin 1977
Regler, Gustav
Tagebuch 1937
Werke Band 4
Basel u. Frankfurt a.M. 1996
Regler, Gustav
Das große Beispiel
Roman einer Internationalen Brigade
Köln 1976
Renn, Ludwig
Im Spanischen Krieg
Berlin 1968
Uhse, Bodo
Leutnant Bertram
Berlin 1974
Weinert, Erich (Hrsg.)
Die Fahne der Solidarität
Spanische Schriftsteller in der Spanischen Freiheitsarmee 1936-1939
Berlin 1953
Weinert, Erich
Camaradas
Gesammelte Werke
Berlin 1960

Editorial

(...) Auslassung d. Verf. aus dem zitierten Text
... Auslassung d.Verf. aus dem zitierten Satz/Absatz
[...] Auslassung im zitierten Text selbst
»...« wörtliche Rede oder Zitat in einem zitierten Text
Veraltete Schreibweisen, Interpunktionen, wie auch in Teilen in spanischer Sprache zitierte Textauszüge folgen denen des Originals

Personenregister

Becher, Johannes R. - 125
Brandt, Willi - 125
Bredel,Willi - 5,15f,23,26f,36,44,53,89,104,107,112,125
Brecht, Bertolt - 5,8,14f,29-34,119,122f,125,131
Capa, Robert (geb. Ernö Friedmann) - 6,8,16,53,111,122,124
Claudius, Eduard - 5,13,15,27,35,37,53,59,95,99,104,107,117,125
Detsinyi, Ludwig - 88
Gorrish, Walter - 5,15f,69-72,99,125
Hemingway, Ernest - 6,8,15f,44,94,105-110,119,121,125
Ibárruri, Dolores (gen. La Pasionaria) - 29,125
Kantorowicz, Alfred - 6,13,15f,44,53,91-96,97,99,104,107,112,125f
Kesten, Hermann - 5,15f,63-66,119,126
Kisch, Egon Erwin - 5f,15f,18-20,81-83,85,94,99,119,126
Kurella,Alfred - 5,16,67f,126
Longo, Luigi - 123
Marchwitza, Hans - 6,15f,87-90,94,99,107,126
Olden, Balden - 126
Regler, Gustav - 5,15f,55,57,59-62,95,104,107,119,126
Renn, Ludwig - 4,6,9,13-16,19f,21,27,73f,76-79,82,91,94f,99,104,108, 109,119,127
Seghers, Anna - 124
Taro, Gerda (geb. Gerta Pohorylle) - 6,8,16,53,89,95,111-114,124
Uhse, Bodo - 5,15f,27,47-52,94f,99,113,127
Weinert, Erich - 6,15,19f,24,99-104,126,127

Notizen

Roland Hoja

Buchveröffentlichungen

Heines Lektüre-Begegnungen in der ‚Matratzengruft' 1848-1856
(Diss.) Bielefeld 2006

‚Keiner verriet den anderen, blieben Freunde, ehrlich, treu...'
Heines Begegnungen mit linksintellektuellen Freunden 1848-1856
Berlin 2007

heine bei brecht. berlin 1953.
Norderstedt 2008

Ripley & Co.
Die sieben Todsünden des Kleinbürgers oder Kleinbürgerlichkeit und dekadente Genialität in tragenden Romanfiguren der Patricia Highsmith
Wuppertal 2011

Heinrich Vogeler, Bohème & Sozialist
Norderstedt 2012

Wartesäle der Poesie – Schriftstellerinnen im Pariser Exil 1933-1941
Norderstedt 2016